Sette Lettere Dal Futuro Per L'Umanità

Ivan Petruzzi

ISBN 9798862707076

Sito web: www.tragicomico.it
E-mail: info@tragicomico.it
Facebook: https://www.facebook.com/tragicomico.it
Instagram: https://www.instagram.com/tragicomico.it

Editing: Simona Camporesi
www.simonacamporesi.it

Impaginazione: Danila Ganzerla
ganzerla.danila@alice.it

Illustrazione di copertina: Massimiliano Veltri
https://www.instagram.com/massimilianoveltri

Libri dello stesso autore:
Schiavi Del Tempo (pubblicazione indipendente, 2019)
La Cattiva Abitudine Di Essere Infelici (pubblicazione indipen-
dente, 2021)
Liberi Dentro, Liberi Fuori (pubblicazione indipendente, 2022).

Indice

Introduzione

È sotto gli occhi di tutti: ci troviamo in un periodo storico di grandi trasformazioni. Emergenze climatiche, umanitarie, sanitarie, energetiche ed economiche stanno cambiando drasticamente la morfologia del mondo così come lo abbiamo conosciuto fino ad ora, generando una crisi di valori e riferimenti senza precedenti che mette in discussione le basi stesse della nostra società.

Come collettività assistiamo al deragliamento in atto con profondo sgomento, ma al tempo stesso con una preoccupante rassegnazione che ci rende inerti di fronte ai cambiamenti e incapaci di imbastire soluzioni. Scollegati dal passato e miopi verso il futuro, ci muoviamo frammentati senza una direzione e un progetto comune, annaspando per restare a galla in una realtà in procinto di esalare il suo ultimo respiro.

E se fuori ogni cosa si sgretola, dentro non va affatto meglio: smarrimento, frustrazione, perdita di punti di ancoraggio, un senso di solitudine sempre più invalidante e una mancanza di significato esistenziale nascosta tra le maglie di una superficialità dilagante.

Ma non tutto è perduto.

Se saremo capaci di scuoterci dal torpore e assumerci la responsabilità delle nostre azioni, ricordandoci del nostro immenso potere creatore, allora saremo in grado di cogliere l'opportunità che prende forma dalla crisi e comprendere che dietro un mondo che marcisce ce n'è sempre uno nuovo impaziente di germogliare.

E allora sì che la "malattia" del nostro tempo potrà diventare trasformazione e guarigione.

Queste lettere dal futuro giungono in soccorso per aiutarci a colmare la voragine che intercorre tra la fine del vecchio corso e l'inizio del nuovo.

L'idea non è del tutto nuova: immaginare una distanza attraverso la quale osservare il momento presente in modo "distaccato", che non significa affatto cinico, privo di empatia, ma semplicemente non identificato con la realtà in cui ci si trova immersi, investigare il presente da lontano, così da eliminare il più possibile i fraintendimenti che nascono dall'identificazione automatica e riacquistare uno sguardo più ampio, cosciente e obiettivo.

Lo strumento utilizzato è la lettera, modalità comunicativa arcaica e al tempo stesso atemporale, perfetta rappresentante del tempo circolare. L'umanità di un futuro volutamente non precisato decide di scrivere all'umanità di oggi per farle prendere coscienza del momento storico cruciale che sta vivendo, metterla in guardia dai suoi pericoli e al tempo stesso aiutarla a coglierne le immense opportunità.

Un monito accorato che non vuole essere giudizio, ma amorevole accompagnamento, perché la distanza non annulla il legame di sangue che intercorre tra mittente e ricevente, né la naturale partecipazione che ne consegue.

Un appello che diventa invito a intraprendere un percorso di risveglio, innanzitutto individuale e poi, necessariamente, anche collettivo, volto a riappropriarsi degli antichi valori per diventare consapevoli degli sbagli commessi e comprendere che di fatto non esistono errori, ma solo insegnamenti da apprendere e integrare.

Un viaggio affascinante condotto nelle profondità del pensiero e del cuore umano, alla riscoperta della sacralità della vita e della nostra natura di creature divine in perenne evoluzione.

Le lettere recapitate sono sette, come sette sono gli argomenti affrontati, uno per ogni missiva: ambiente, amore, cultura, economia, essere, radici e spiritualità. Sono tutte inanellate, perciò possono essere lette una di seguito all'altra, nell'ordine alfabetico proposto o secondo il proprio sentire personale, anche se il modo migliore per assorbirle è quello di intervallarle con una pausa tra una e l'altra, così che le parole e i significati abbiano il tempo di sedimentare nell'animo del lettore.

Si tratta di temi universali che appartengono e sempre apparteranno alla storia dell'umanità e chiunque ambisca a essere attore della vita anziché semplice comparsa, non solo all'interno del proprio percorso individuale ma anche di quello collettivo, oggi non può esimersi da una riflessione profonda condotta singolarmente su ognuno di essi e successivamente sull'insieme che ne consegue.

Ed è qui che la "finzione" (l'escamotage letterario) esaurisce il suo compito per andare a coincidere con la realtà che desidera raccontare e le lettere finiscono davvero per giungere dal futuro, perché si fanno veicolo di un messaggio intergenerazionale e atemporale valido per tutti i tempi e per ogni essere umano.

Come spesso accade nel mondo dell'arte, anche le riflessioni che il lettore troverà in questo libro sono una semplice trasposizione materiale di un'energia di passaggio, messa nera su bianco dalle mani dell'autore, perché da sempre è questo il compito che si affida all'arte: essere canale, strumento di comunicazione ancestrale.

L'augurio è che il contenuto di queste lettere possa giungere a voi forte e chiaro, trovare lo spazio e la lentezza necessari per venire metabolizzato e il coraggio per essere poi convertito in azione, così che questo nostro tempo affaticato trovi presto sollievo e possa finalmente essere vissuto da tutti noi come la più grande delle benedizioni.

Ivan Petruzzi

Ambiente

Il filo rosso che connette a Madre Terra

Cara umanità,

chi vi scrive è il sangue del vostro stesso sangue, i fratelli mai incontrati del tempo che verrà.

Comincia oggi per voi un viaggio trasformativo nelle profondità del cuore e dell'intelletto umano, attraverso sette missive dedicate a sette argomenti, tutti profondamente connessi a un'unica matrice, sette grandi temi che danno fondamento all'esistenza e alimentano l'impetuoso fuoco dell'evoluzione. Che possiate intraprenderlo con passione, dedizione e instancabile fiducia nella divina sapienza che tutto orchestra, nella consapevolezza che non esiste separazione tra ammonitore e ammonito, nessuna distanza oltre l'illusorio divario temporale, perché siamo uniti nell'anima e nelle viscere, figli in cammino della stessa creazione.

Vi siamo accanto da sempre e da sempre comunichiamo con voi attraverso i piani vibrazionali, ma troppo pochi ancora sono coloro che riescono a captare la nostra voce in mezzo al frastuono dei pensieri e del chiacchiericcio che li circonda, perciò una nuova strategia si rende oggi necessaria.

La modalità di contatto che abbiamo scelto è quello della lettera, strumento forse desueto ma di ineguagliabile efficacia, dove chi scrive si pone sullo stesso piano di chi legge, nessuna posizione di superiorità, nessun indice puntato, nessun decalogo da impartire. Solo un dialogo intimo e sincero, intrapreso con amore da chi ha la fortuna di osservarvi da lontano e vedere, attraverso una più ampia prospettiva di quella a voi concessa, il momento storico che state attraversando.

Siete nel bel mezzo di una tappa cruciale della storia evolutiva del pianeta. Vi credete vittime immeritevoli di questi tempi faticosi ma in realtà siete anime privilegiate, testimoni e attori di un'epoca spartiacque in grado di sovvertire le regole del gioco e dare inizio a un profondo cambiamento.

Il mondo, così come lo conoscete, sta esalando l'ultimo respiro, le fondamenta sono marce, si stanno sgretolando, e non c'è niente che possiate fare per impedirlo, perché questo è il preciso intento del percorso di perfezionamento a cui è soggetto tutto ciò che esiste: ogni cosa che deperisce è destinata a decadere, così da potersi trasmutare e alimentare, sotto nuove forme, l'eterno ciclo della vita.

È come affronterete la dipartita del defunto che farà la differenza. Il modo in cui reagirete alla vista della fiamma che si spegne creerà il mondo che lascerete in eredità, non solo ai vostri figli ma a tutti coloro che seguiranno, compreso chi, in questo momento, si trova a scrivervi oltre le barriere del tempo. Perché il "voi" che siete oggi deciderà il "noi" che saremo domani; ogni sorriso, ogni nostra lacrima futura, ogni possibilità di sopravvivere e perpetuare l'umana specie dipenderà da ciò che oggi sceglierete.

Eccoci dunque qui, sorelle e fratelli cari, a ricordarvi dalla distanza il rintocco inesorabile delle campane. Lo urlano forte a ogni colpo: non c'è più spazio, non c'è più tempo! La vostra esistenza corre impazzita sul binario sbagliato. Non le sentite le grida che squarciano il silenzio, la puzza di bruciato dell'incendio che divampa, non lo vedete all'orizzonte l'imminente deragliamento?

Non è più l'ora degli indugi e dei ripensamenti. È il momento delle teste che si alzano dal nascondiglio e delle gambe che si scuotono dall'intorpidimento, degli occhi che si strappano dall'incubo dell'incoscienza e si aprono al sogno di quel che potrà essere, se solo troverete il coraggio di concedervelo.

È il momento della messa al bando, senza concessioni, senza eccezioni, di tutte le parole pompose e qualunquiste, dei dibattiti stantii sviscerati nei salotti virtuali, del pensiero arroccato su se stesso incapace di diventare azione.

Questo è il tempo del disincanto e della presa di coscienza, della responsabilità canalizzata, della mente creatrice che spazza via il vecchio mondo e dalle sue ceneri materializza il nuovo corso.

Non è leggero il compito che vi attende. Sappiamo bene quanto sia difficile mettere in discussione le griglie e le credenze attraverso cui si è stati educati per incasellare l'esistenza al fine di renderla più digeribile, stereotipi incancreniti nella mente anche attraverso le parole con cui siete soliti definirli: assomiglia al trauma che prova un genitore quando lascia andare un figlio per la sua strada pur sapendo che la sua lontananza gli strapperà il cuore. Non si tratta semplicemente di potare qualche ramo secco qua e là ma di estirpare dalla terra le radici, operare un profondo lavoro di destrutturazione mentale e ricostruzione linguistica.

Se volete accedere a un nuovo gradino evolutivo, è dalle parole che dovete cominciare, perché esse non sono solo simboli ma potenti strumenti creatori, il significato che conferite loro dà forma al mondo in cui vivete. Perciò sceglietele con cura, ampliate la vostra visuale.

Allontanatevi dal fragore che vi circonda e immergetevi nel silenzio. È lì, nello spazio allungato delle pause tra un vociare e l'altro, che troverete il vero senso delle parole, quello originario, quello più pregnante.

Il primo argomento che affronteremo insieme è quello dell'ambiente.

Siete soliti restringere il vocabolo a tematiche inerenti alla natura e al paesaggio, ma in realtà il concetto che racchiude è assai più ampio.

L'ambiente è tutto quello che vi circonda e dentro cui agite. Secondo una prospettiva che dal grande procede verso il piccolo e da fuori converge verso il centro, esso indica certamente lo spazio multiforme e illimitato in cui siete immersi quali frammenti del Creato, l'ecosistema di cui siete parte assieme alle altre specie e alla cui sopravvivenza, in modo cosciente o incosciente, ogni giorno contribuite. È il territorio che abitate, l'insieme delle caratteristiche paesaggistiche e sistemiche che ne delineano l'identità, il microclima che lo caratterizza, l'intreccio delle varietà animali, minerali e vegetali che lo pervadono.

Ma l'ambiente è anche lo spazio che, in virtù di specifici fattori, si fa via via più circoscritto e vi vede partecipi quali singoli individui: il vostro nucleo famigliare e quello degli amici, il luogo di lavoro, il gruppo politico o sociale a cui appartenete, qualunque aggregazione cementata dai medesimi valori con cui siete soliti interagire. È la nazione a cui appartenete, la città in cui abitate, la casa in cui vivete.

Ed è anche il vostro stesso corpo, perché non esiste spazio più importante dell'involucro di carne che vi protegge.

È proprio il corpo, il primo ambiente che siete chiamati a conoscere e onorare, perché non si può essere ecologisti nei confronti del pianeta se non si impara a esserlo prima con se stessi.

L'inquinamento e il degrado non si trovano solo nell'aria che respirate e nei rifiuti accumulati agli angoli delle strade, ma anche nella linfa che vi scorre nelle vene; anche voi siete specie da proteggere, creature a forte rischio di estinzione.

Il disordine che vedete fuori non è altro che il riflesso di uno squilibrio interno: i pensieri che combattono tra loro, il conflitto perdurante tra ragione ed emozione, il divario tra l'impulso all'espansione e l'istinto di contrazione, l'energia della paura che tenta di schiacciare la forza dell'amore.

Di quanto questo gigantesco campo di battaglia vi allontani dalla piena realizzazione, avremo modo di parlare più approfonditamente nelle lettere successive.

Per ora vi basti sapere che un ambiente, per mantenersi sano e prosperare, richiede una struttura forte e in equilibrio. Ha bisogno di cura e di un profondo processo di pulizia che spazzi via il vecchio per lasciare posto al nuovo, e quello in cui vi trovate immersi, sotto lo spesso strato di maschere e stracci scintillanti, deperisce giorno dopo giorno sotto le mani dell'incuria. Finché non lo libererete dalla polvere e dalle ragnatele accumulate, la bellezza dei mobili preziosi che lì dimorano vi sarà preclusa.

Che possiate dunque, anime care, sanare in voi quel che necessita di essere sanato fuori.

L'ambiente che vi circonda porta impressi i segni del disequilibrio che vi destabilizza internamente. Alveari di cemento che bloccano il movimento e precludono il tramonto, gabbie di lamiera su quattro ruote che sputano veleno e sigillano la natura dietro un finestrino come un cimelio da museo, metropoli e città sovraffollate di cittadini imbronciati e isolati, corpi ammassati gli uni agli altri che si sbattono addosso senza osare guardarsi in faccia. Pance rimpinzate di veleni industriali e stomaci gonfi per denutrizione, cassonetti pieni di cibo lasciato andare a male e terreni troppo aridi per germogliare, animali che zampettano per le strade agghindati come re e regine, e creature costrette a crescere contro natura, stipate dentro gabbie, mandate al macello per soddisfare l'inesauribile ingordigia umana. L'umiliazione e la sopraffazione delle altre specie, lo spreco vergognoso delle risorse al solo scopo di perpetuare l'illusoria superiorità umana.

Ma diteci, che cosa vi ha portato tutto questo dilapidare forsennato, questo indiscriminato accanimento? Vi ha fatto per caso sentire più sicuri, vi ha resi forse più felici?

Siete proprio voi, la specie in apparenza più evoluta, l'anello debole che spezza la catena e interrompe la naturale coesione del sistema. Fratricidi e sfruttatori per orgoglio, emarginati e mutilati per legittima compensazione.

Dove pensate di andare recidendo il cordone ombelicale che vi alimenta? La solitudine lancinante che avvertite costantemente pur in mezzo alla folla, le notti insonni lavate nell'acqua della coscienza sporca e del senso di colpa, non sono altro che punizioni autoinflitte, la flagellazione del cilicio sul costato dell'imputato.

Come l'amputazione di una gamba cambia l'equilibrio dell'intero corpo rendendolo asimmetrico, così la sottrazione all'insieme di una qualunque componente rende fragile l'ecosistema.

Nessuno provi a separare ciò che nasce per essere coeso: su chi oserà farlo, calerà inesorabile la spada.

Ma attenzione, non la spada fulminea della vendetta, ma quella ancora più affilata della guarigione.

L'organismo privato del suo equilibrio farà di tutto per trovare un nuovo bilanciamento, ma il ripristino dell'armonia avviene sempre a caro prezzo e chi è responsabile della sua perdita dovrà prepararsi a subirne le conseguenze.

La desertificazione, la carestia, la povertà, la solitudine, il cuore che si chiude, sono solo alcuni frutti del tragico disequilibrio in atto; le guerre, i flussi migratori incontrollati, i cataclismi, le malattie del corpo, sono i segni tangibili del tentativo, da parte dell'organismo monco, di ristabilire la simmetria, testimonianze del processo di sanazione in atto.

La guarigione ha sempre come fine il benessere del sistema, ma il nobile obiettivo non la rende per forza di cose delicata, al contrario, la guarigione può essere spaventosa quanto il malessere che cura, perché il processo di risanamento è sempre proporzionale all'entità del trauma inflitto. La Terra, quando sommerge, quando erutta, quando si scuote con violenza, lo fa per liberare le tossine e il carico energetico in eccesso, la malattia prorompe nel corpo e nella mente per ricucire le ferite e trovare nell'instabilità pregressa una nuova proporzione.

Le tragedie di questo vostro tempo inquieto non sono altro che la manifestazione di un'armonia interrotta: ripristinare l'equilibrio è vostra priorità, patire durante il percorso di riassestamento, purtroppo, una necessità.

Il nostro augurio è che possiate essere voi a compiere il primo passo e cominciare in consapevolezza questo processo di riequilibrio prima che esso vi venga imposto, così da poterlo modulare e ammorbidirlo a vostro piacimento, anziché ritrovarvi a subirlo con la violenza di uno schiaffo.

Andate alla ricerca degli strappi e provate a ricucirli. È vero, il tempo è agli sgoccioli, ma se intervenite adesso potete renderlo più elastico ed espanderlo, avete tutta l'eternità per fare ammenda e riportare simmetria là dove è andata persa. Ma ricordate che l'eternità comincia solo quando ci si cala nel presente e ci si predispone a vivere il momento.

Restituite benessere al corpo appesantito e alle menti affaticate. La frammentazione che vi separa da voi stessi non è altro che un'illusione, cervello e cuore sono la stessa essenza espressa a densità diverse, manifestazioni apparentemente discordanti della medesima sorgente.

Portate cura in ogni spazio che vi compete, grande o piccolo che sia.

Dedicatevi con premura e dedizione al vostro nucleo famigliare e a tutte le persone care. Coltivate relazioni stimolanti che elevino lo spirito e circondatevi di anime affini che sappiano farvi da specchio rivelatore, così che possiate individuare i vostri margini di miglioramento attraverso i loro. Fate in modo che l'interazione con l'altro vi spinga sempre a guardarvi dentro, a mettervi in discussione, a sorprendervi di voi, a lavorare duramente se necessario, ma sempre con dolcezza, nel rispetto dei vostri ritmi e delle tappe del percorso individuale.

Siate guardiani attenti e scrupolosi dei vostri confini sacri: fisici, mentali e spirituali. Fate attenzione a tutto quello che varca la soglia, non solo persone ma anche cibo, sentimenti e informazioni, perché tutto è energia in movimento che interagisce col vostro campo vibrazionale e se non viaggia sulla vostra stessa frequenza vi troverete prosciugati e depotenziati.

Che possa entrare solo quel che è in grado di nutrirvi e che tutto il resto, senza troppi complimenti, venga lasciato fuori.

Solo quando avrete portato ordine nel vostro santuario sarete in grado di allargare il raggio e provare a sanare ciò che vi circonda.

Sarete chiamati, allora, a disseppellire quel filo rosso che da sempre vi connette a Madre Terra e a ogni figlio partorito dal suo grembo, così che la frattura possa nuovamente diventare ponte, a ricordare che gli animali sono fratelli e sorelle le foreste e che ogni atto di crudeltà che rivolgete a loro è una pugnalata che sferrate contro voi stessi.

Senza il ripristino dell'equilibrio non può esserci prosecuzione della specie: se non volete farlo per misericordia altrui, fatelo almeno per egoismo, perché lo scompenso che minaccia la sopravvivenza del pianeta mette a repentaglio la vostra stessa vita.

Tornate alla terra e al suo nido caldo, dove l'amore esonda senza sosta e la voce antica si eleva forte, varcatene i confini come ospiti che chiedono il permesso prima di entrare in casa e accomodarsi a tavola, grati per il cibo loro offerto e la bellezza dei quadri appesi alle pareti.

Tornate ad abitare dentro di lei e assieme a lei, costruite case che si affaccino sul verde anziché sul grigio dei palazzi, perché la guarigione passa anche attraverso gli occhi, i suoni che solleticano l'orecchio e gli odori che si incuneano dentro le narici. Ridate vita ai casolari disabitati da chi un tempo fu costretto a fuggire nel cemento in cerca di benessere, perché adesso di quel tipo di benessere non avete più bisogno. Le grandi città, modelli abitativi un tempo funzionali, hanno esaurito il loro compito di aggregazione e sono pronte per essere abbandonate, come un tempo le campagne.

Adesso che in quella prosperità vi siete immersi fin quasi ad affogare, adesso che cominciate a percepirne l'illusione e a intravedere il veleno che nasconde, il fiume della vita vi chiama altrove. Non è di metropoli che ha bisogno il nuovo mondo ma di città a misura d'uomo, di piccole comunità che animano i borghi, di una nuova transumanza verso i boschi.

L'ambiente si modella in base alle esigenze del momento e quelle di adesso vi sospingono inesorabilmente indietro. Ma indietro solo in apparenza, perché dietro la chiamata a tornare sui propri passi c'è l'intento di ritrovare la strada verso casa e, una volta giunti lì, prepararsi ad accogliere nuovi insegnamenti.

Perché Madre Terra non è solo nutrice primigenia, ma anche insostituibile maestra.

L'ecosistema naturale che attraverso la natura si manifesta è un modello di ispirazione ineguagliabile per la costruzione e la regolamentazione di tutti gli umani ordinamenti: mostra cosa mette a rischio la tenuta del sistema, cosa accade quando l'equilibrio si frantuma e quali sono le modalità attraverso cui l'organismo tenta di ripristinarlo per riportarlo in armonia.

Ma la Terra è anche la voce antica in grado di risvegliare la vostra, di riportare l'anima smarrita in contatto con i sussurri dell'istinto primordiale.

Andate da lei quando vi sentite persi e sdraiatevi sul suo accogliente ventre, piedi scalzi, pelle contro pelle, respiro contro respiro, cuori che battono all'unisono.

Connettetevi a lei senza fretta, con tutta la lentezza che si addice ai ricongiungimenti faticosi, e quando sentirete che il divario comincia a farsi più sottile, formulate a voce alta le domande che vi tormentano, col cuore aperto e un foglio accanto pronto per essere colmato.

Le risposte arriveranno copiose come acqua che sgorga dalla sorgente, ma solo per chi sarà pronto ad ascoltare quello che la Terra ha da dirgli, ad accogliere tutto, anche quello che fa tremare i polsi, e poi a lasciarsi guidare dalle indicazioni ricevute, perché anche il dialogo più profondo diventa vano se non è seguito dall'azione.

Le risorse naturali sono senza fine, perciò attingetene a piene mani, perché ciò che appartiene alla natura è per diritto di nascita anche vostro. Ma fatelo con cura, consapevoli della sacra legge di compensazione secondo cui tutto ciò che viene preso deve prima o poi essere restituito, sebbene sotto altre forme.

Non consumate mai nulla senza prima chiedere il permesso, senza onorare e ringraziare, perché ogni seme che germoglia è un dono dell'universo e necessita di essere approcciato attraverso la formulazione di un intento sacro.

Abbiate cura della terra che vi sostenta, nutritela di canti e di attenzioni, siate fruitori ma anche beneficiari, perché l'abbondanza scorre solo quando c'è circolarità e profonda connessione.

Tornate a essere il fiume che eravate, riconnettetevi alla fonte.

E se la distrazione del superfluo e l'assuefazione al predominio cieco della mente dovessero ancora saltuariamente soffocare il cuore, facendovi dimenticare come si fa a fluire e a creare unione, andate a trovare i custodi di Madre Terra, gli antichi popoli protettori dell'armonia.

Chiedete loro di raccontarvi come si fa ad ascoltare il vento, a gestire la potenza del grande fuoco trasformatore, ad accogliere il potere curativo dell'acqua che fluisce, a sentire il sostegno della terra e il suo incondizionato nutrimento.

E abbiate cura anche di loro, siate garanti dei guardiani del pianeta, perché sono loro il filo rosso sotterrato e mai perduto, il canto mai sopito del sogno in atto.

Amore

La vibrazione primordiale
dell'universo

Cara umanità,

    queste sette lettere sono il frutto di un'accurata selezione e profonde riflessioni. Ognuna di esse affronta un tema che ci sta a cuore, essenziale per il futuro della nostra specie, e la speranza è che nessuna vada perduta. Ma se qualcosa, dio non voglia, dovesse andare storto, che almeno la qui presente trovi il modo di raggiungervi. Perché questa è la lettera che in qualche modo le racchiude tutte, il collante di tutti gli argomenti scelti.

    È qui, tra queste righe, che si nasconde il succo della vita.

    Amore. Questa parola di certo non vi giunge nuova, la conoscete fin troppo bene, sebbene per lo più nella sua accezione impropria ed edulcorata, spolpata dell'essenza.

    Per come siete soliti utilizzarli, i vocaboli del linguaggio umano finiscono spesso per essere limitati, strumenti grezzi al servizio di menti stratificate e cuori complessi. Non è semplice per una manciata di sillabe riassumere interi universi semantici come quelli che fanno capo ai grandi temi della vita, rischia di essere una battaglia persa in partenza, una lotta intrapresa contro i mulini a vento. Certi concetti non sono fatti per essere confinati dentro i vincoli angusti di una definizione, per essere compresi nel profondo hanno bisogno di restare liberi, di muoversi ed espandersi senza confini.

Per approcciarvi al nuovo mondo che vi attende è necessario rimodulare la vostra comunicazione, soprattutto quella emozionale, renderla più ampia e multisensoriale.

Le sensazioni e i sentimenti richiedono di essere sentiti, prima ancora che capiti, il loro scopo principale è di essere sperimentati, vissuti a fior di pelle, e solo dopo, eventualmente, venire definiti così da poter essere dichiarati a sé e agli altri.

La comunicazione, soprattutto quella che riguarda l'amore, non si manifesta soltanto attraverso il canale della bocca, passa dagli occhi e dalle mani, dalle vibrazioni energetiche che si propagano nell'etere, dal contatto silenzioso di due corpi che si abbracciano o semplicemente riposano a fianco. Le emozioni viaggiano prima a livello del corpo, appartengono più al mondo espanso dell'istinto che a quello circoscritto della ragione, la loro verbalizzazione non sempre è necessaria, anzi spesso è limitante, una gabbia rigida che imbriglia e minimizza. Ma voi senza etichette non ci riuscite a stare e continuate imperterriti a riempirvi la bocca di parole altisonanti gonfiate ad arte di cui spesso ignorate il senso più profondo, parole astratte di cui abusate fino allo sfinimento, caricandole così tanto di significato da finire per prosciugarle.

In questo profondo divario tra significato e significante hanno origine molte derive che minano i rapporti e allontanano persone e popoli: gli equivoci e i fraintendimenti, le aspettative e gli stereotipi, le degenerazioni, materiali ed emotive, malsane e limitanti.

Il significante è l'involucro che racchiude e offusca la sostanza. L'involucro è l'amore immaginario, cinematografico e disneyano, da inseguire, controllare e razionalizzare; la sostanza è l'amore autentico e viscerale, da afferrare, lasciare fluire e sperimentare.

Tutta la sofferenza che appesantisce le vostre relazioni ha origine nella distanza sconfinata che li separa.

Conoscete dell'amore per lo più le manifestazioni narcisistiche e la manipolazione. L'amore capriccioso che batte i piedi in cerca di attenzione, piagnucoloso e sottomesso, smanioso di compensazione e compulsiva rassicurazione. Accanto a lui, il necessario contraltare della co-dipendenza tossica: l'amore arrogante che intima e pretende, che opprime e imprigiona, l'amore aggressivo, accentratore, in perenne contrazione. Dalla loro attrazione fatale nascono i figli malati di ogni rapporto insano: le ossessioni, i ricatti, i tradimenti, l'aggressività e la violenza.

Ma tutto questo non ha nulla a che fare con l'amore, sono solo derive disfunzionali di un'educazione emotiva terribilmente superficiale, strategie di difesa primitive messe in atto da chi non è stato preparato ad ascoltare il cuore e si è visto costretto a rifugiarsi nella mente. Sono la reazione involuta, e profondamente umana, di chi si sente perennemente inadeguato di fronte a un sentimento che pare fatto di cristallo, puro come un diamante, liscio come il marmo, un obiettivo luminoso così lontano da diventare evanescente, l'ennesima chimera di una creatura che si ritiene troppo carente per esserne all'altezza.

Quante occasioni di vivere l'amore avete sprecato, nel tentativo di raggiungere l'amore.

Eppure l'amore non è qualcosa da raggiungere, è una frequenza da riconoscere nell'anima e percepire attorno.

Toccatelo, è appiccicato sui vestiti, impigliato tra le dita e tra i capelli, impresso nel corpo che vi sfiora il fianco; annusatelo, è sospeso nell'aria che respirate, nascosto nell'odore della rugiada e nell'aroma di un caffè fumante; gustatelo, è nel sapore della pesca che addentate e in quello, ancor più dolce, della bocca che sfiorate.

Dall'amore siete nati e in lui vibrate in ogni istante. È il battito che pervade l'universo, l'energia vitale che tutto muove e tutto scuote, motore pulsante del Creato e della sua incessante evoluzione. È la vibrazione sacra che vi attraversa e vi rende miracoli viventi e senzienti: il sangue che vi irrora, i muscoli e le vene, il groviglio di emozioni che vi attraversa, il piacere del corpo e della mente; è la salute e la malattia, la contrazione e l'espansione, l'onda che si ingrossa e quella che si smorza. È la somma di ogni vostra armonia e apparente contraddizione.

Benedetti siate voi che vi credete difettosi, escrementi sacrificabili di un peccato originale, voi che invece siete la suprema incarnazione di un progetto divino che ammanta tutta l'esistenza, imperfetto in apparenza, perfetto nell'essenza.

Ogni vostro presunto difetto non è altro che l'impronta di una scelta consapevole dell'anima che incarnate, il tassello di un percorso evolutivo complesso e dettagliato che nulla lascia al caso, nemmeno l'inciampo, nemmeno l'errore. Che maledetto sia per sempre dal tribunale celeste chi da millenni perpetua l'inganno della manchevolezza umana provando a convincervi di essere sbagliati, peccatori costretti a chiedere scusa per il solo fatto di essere nati.

Non c'è niente da riscattare, sorelle e fratelli cari, nessuna macchia da cancellare. Non siete voi a dovere fare ammenda ma chi nel nome dell'amore ha cercato di sottomettervi, macchiandosi dell'infamia più atroce: la manipolazione dell'aguzzino che si spaccia per salvatore.

Non c'è niente da smussare e aggiustare, siete esattamente ciò che siete chiamati ad essere, nel punto esatto previsto dal vostro cammino evolutivo. Nulla vi è chiesto tranne che ricondurre il ricordo alla coscienza, riconnettervi alla fonte, ricongiungervi all'amore.

È da voi che comincia la ricerca. L'amore non nasce fuori per poi arrivare dentro, ma sboccia dentro per proiettarsi fuori.

Siete cresciuti con l'idea che l'amore fosse qualcosa da dispensare agli altri a piene mani, incessantemente, senza riserve, senza il tempo necessario per capire se ne avevate a sufficienza per alimentare voi, prima di riuscire a elargirlo agli altri. L'amore come atto dovuto, che non lascia spazio alle esigenze personali, ai limiti e alle carenze preesistenti, amore inconsapevole che non si pone il problema di quali possano essere le conseguenze in chi si costringe a essere amorevole senza possederne le energie sufficienti. Amore obbligato, amore preteso, spremuto a forza da chi ne è carente.

Ma come può essere donato ciò che ancora non si possiede? Non ha acqua da convogliare al mare, un fiume in secca.

Serve tempo e cura per ogni ferita che portate addosso, rispetto per il ritmo personale e il bisogno sacro di riposo, serve tolleranza per le mancanze e perdono per gli errori, serve smisurata morbidezza e amorevolezza per se stessi.

Vi hanno insegnato che chi prima pensa a sé è un egoista, un menefreghista concentrato solo sui bisogni personali, come se prendersi cura di sé fosse qualcosa di cui vergognarsi, l'ennesima colpa da espiare. Ma un po' di sano egoismo, se proprio così volete continuare a chiamarlo, è necessario, l'atto d'amore che ogni essere umano dovrebbe rivolgersi prima di potersi dedicare agli altri.

Siete voi la vostra priorità, scolpitevelo bene in testa: solo se imparerete ad accudirvi sarete in grado di nutrire le persone che vi sono care.

Quello elargito per dovere è un amore per sua natura claudicante, non alimenta chi lo riceve e corrode chi lo offre, perché genera aspettative impossibili da soddisfare e un gigantesco carico di risentimento qualora non ritorni indietro. Un'imposizione autoinflitta non può che condurre al fallimento, perché l'energia che l'alimenta viaggia in direzione opposta a quella che muove l'universo, è una vibrazione che si sforza anziché fluire, che prosciuga anziché riempire.

La conseguenza la vedete fin troppo bene, una società popolata da creature demoralizzate, fiaccate dal senso del dovere, lanciate a razzo verso un punto di rottura che un giorno, per sopravvivere, le vedrà costrette a rinunciare al mondo e a rifugiarsi dentro il proprio guscio. E sarà allora che il nobile intento si trasformerà di colpo nel suo opposto.

Quando vi dedicate con riverenza a una persona cara o a un amico bisognoso solo perché è quel che ci si aspetta da una persona premurosa, e vi spremete fino a perdere completamente l'energia vitale, l'amore incondizionato si trasforma in rabbia, la dedizione si fa rancore. Se colmate di premure il partner solo nella speranza che queste, prima o poi, vi vengano restituite, e poi, inevitabilmente, l'aspettativa viene disattesa, l'amante idolatrato all'improvviso si converte in un ingrato, poi in un estraneo, infine in un acerrimo nemico. La mano spalancata che si chiude a pugno, l'apertura che diventa contrazione.

Non la sentite la rigidità che congela il corpo bloccando il libero fluire delle emozioni? Non la vedete la paura che si nasconde sotto le false spoglie dell'amore?

Non è l'odio, sapete, l'opposto dell'amore, l'odio è solo la manifestazione di un dolore più profondo.

È la paura a mantenervi distanti dall'amore, il terrore che avete di farvi conoscere nel profondo, mettervi a nudo di fronte all'altro, la paura di essere invisibili, giudicati e rifiutati.

È l'inquietudine che provate al cospetto di tutto ciò che è diverso da quel che conoscete, che non capite e non si incastra con la visione delle cose a cui siete abituati, il senso di precarietà che ne consegue e destabilizza ulteriormente il vostro già fragile equilibrio. Il timore di essere schiacciati dallo straniero e dalla cultura che si porta appresso, di essere invasi nei vostri confini e privati della vostra identità. La paura che separa gli uomini e finisce per dividere anche i popoli, generando conflitti estenuanti, perpetuati al solo scopo di fingersi più forti.

Se le lascerete spazio, la paura vi risucchierà lentamente e finirà per bruciare l'humus fertile che siete e vi sostenta, e allora nessun germoglio potrà più crescere, solo semi sterili nella terra secca.

La paura non è altro che un amore che ha smesso di credere in se stesso, che ha smarrito la direzione e, anziché espandersi verso l'alto, ha cominciato a frequentare i bassifondi emozionali.

Sono energie diverse che viaggiano in direzioni opposte, sull'onda di differenti moti oscillatori: la paura vibra verso il basso, l'amore verso l'alto; la prima si contrae dentro se stessa, chiudendo tutto il resto fuori, il secondo si espande attorno fino a inglobare l'intero mondo. Frequenze e movimenti contrastanti che si escludono l'un l'altro, perché non c'è amore nella paura e non può esserci paura dove c'è amore.

La mercificazione della spiritualità, in cui siete precipitati per non fare i conti con la vostra dolorosa umanità, ha trasformato le verità sull'amore in etichette vuote che vi allontanano sempre più dalla loro essenza più profonda.

L'amore, per essere considerato tale, deve essere incondizionato, pontifica dall'alto chi si atteggia a detentore della sacra verità: non c'è spazio per il bisogno, nessuna tolleranza per la fragilità. Ma questa è una consapevolezza a cui si accede solamente dopo tortuosi viaggi intrapresi nell'oscurità, è un concetto da esperire, non da imparare a memoria e ripetere come un mantra solo per fingersi spirituali.

Se volete vivere dell'amore la vera essenza, dovete prima fare i conti con le carenze che vi mostra. Dovete prima guardare negli occhi il vuoto che vi divora, se volete provare a colmarlo e a superarlo.

Dovete accettare il fatto che il vostro approccio all'amore nasce da mancanze e da bisogni, è mosso dall'esigenza di essere visti, cullati e confortati, curati nelle proprie ferite, colmati nelle carenze. Siete cuccioli ammaccati: come potete pretendere di essere spirituali se prima non accettate di essere umani?

Prestate attenzione alle vostre fragilità, date spazio alle lacerazioni che derivano dal vostro storico terreno e da quello dei vostri antenati e spargete su di loro coriandoli di tenerezza. Secoli e secoli di paure e reazioni istintuali, di ruoli calcificati nelle ossa e nei pensieri non possono essere cancellati in un istante, hanno prima bisogno di essere visti, lasciati esprimere, attraversati. È il rifiuto di accettarli a creare le corazze che vi rendono frammentati, stranieri a voi stessi prima ancora che agli altri, cuori chiusi e separati capaci solamente di sfiorarsi anziché di penetrarsi e incontrarsi nel profondo.

Chi è disposto a offrire agli altri solo lo strato più superficiale di sé sarà ripagato con la stessa moneta, perché distanza chiama distanza, apparenza specchia solo altra apparenza.

La paura degli abissi vi mantiene aggrappati all'illusione e vi spinge a intrecciare legami mordi e fuggi, prodotti relazionali obsolescenti nati già con la data di scadenza, frutti marci di una società anaffettiva che non sa più osservarsi e accettare l'imperfezione quale caratteristica essenziale dell'esistenza.

Inseguite perennemente l'euforia dell'innamoramento per poi scappare a gambe levate non appena questa si dissolve, senza concedervi il lusso di scoprire cosa può accadere nel momento poderoso in cui crolla il disincanto. Ma come potete nutrirvi dell'amore, se lo lasciate andare prima che abbia il tempo di sbocciare?

Attenzione però, questo non significa affatto che dovete accontentarvi, tutt'altro! Non è all'accettazione passiva di ciò che non vi soddisfa che queste parole vogliono spronarvi, ma solo alla pazienza di attendere lo sviluppo degli eventi, a mollare la pretesa che tutto si realizzi così come lo avevate immaginato e arrendervi a quello che la vita, creatura saggia e assai lungimirante, ha in serbo per voi. Mai e poi mai dovete giocare al ribasso con i vostri desideri, è vostro preciso dovere capire cosa può rendervi felici e lasciare andare ciò che non vi nutre e non vi fa evolvere. Ma come potete capirlo se fuggite ancora prima di scoprirlo?

L'amore sacro ed elevato si manifesta nell'incontro spoglio di due amanti, passa attraverso l'abbattimento delle difese e la discesa dentro il mondo oscuro che si spalanca al di là della corazza.

L'amore danza a braccetto con la morte e solo chi è disposto a immergersi nel buio per incontrare gli insegnamenti che nasconde può dare vita a una relazione sacra ed evolutiva, dove i cuori si fanno da specchio e la sessualità diventa veicolo privilegiato per riconnettersi al divino.

La sessualità: ecco un'altra sfaccettatura dell'amore che vi è del tutto sconosciuta.

Sì, avete capito bene, figli egocentrici della rivoluzione sessuale, del sesso conoscete appena l'involucro esteriore.

Dietro la disinvoltura mediatica dei corpi nudi mostrati senza cura, dietro le esperienze della carne sempre più precoci e la promiscuità eletta a vanto, trofei di una liberazione rivendicata ma mai davvero realizzata, si nasconde una carenza di sostanza imbarazzante. Uomini e donne di mondo all'apparenza, ma nella realtà creature sessuofobiche mandate allo sbaraglio senza alcun supporto educativo e, per questo, condannate a restare imprigionate dentro ruoli stereotipati e insoddisfacenti.

Siete il prodotto frettoloso, e inconsapevole, di una società sesso analfabeta che si finge spregiudicata per non ammettere di essere inesperta e cerca disperatamente di compensare le proprie lacune attraverso un'educazione standardizzata che mercifica il piacere, fino a svilirlo e privarlo della sua sacralità.

Vi approcciate al sesso precocemente senza averne gli strumenti emozionali e vi ci abbandonate come a uno dei tanti intrattenimenti creati ad arte per regalare l'illusione di un'effimera soddisfazione, fugaci contentini alla miseria quotidiana che, anziché placarla, la intensificano per contrasto. Figli disinibiti di una società di fatto bigotta: spregiudicati fuori, vergini dentro. Quando capirete che siete molto più di un intreccio di muscoli sudati che si sfregano l'un l'altro? Voi siete canali aperti al passaggio dell'energia vitale, corde che vibrano allo stesso ritmo dell'universo, strumenti di un concerto assai più ampio. Il piacere è molto più espanso di quello che pensate, infinite ramificazioni vi punteggiano la pelle; se lo confinate nel limite angusto di pochi organi, commettete lo stesso errore di chi pretende di esplorare il senso del gusto ingurgitando solo cibo spazzatura. L'orgasmo è l'apice di un'esperienza che coinvolge l'intero corpo, nella sua manifestazione fisica e in quella eterica, richiede l'intervento del cuore e della mente tanto quanto quello della carne.

La sessualità non è pornografia del corpo, ma sacralità che si manifesta nella materia.

Il movimento che le si addice non è meccanico, modellato sulla base di immagini stereotipate incuranti delle peculiarità personali, ma fluido e istintivo, il frutto spontaneo e naturale di quel preciso momento, il risultato consacrato di un incontro irripetibile. Fare l'amore non è il sussulto automatico e contratto di un organo che irrompe dentro l'altro senza garbo, ma la danza umida di due corpi che ondeggiano insieme e si compenetrano, l'incontro materico di due anime che si riconoscono nel profondo e decidono di comune accordo di esplorarsi, per tutta la vita o per un solo istante.

Se persevererete in questo stillicidio del godimento che la sessualità patricentrica incoraggia, dove si rincorre un piacere raccontato anziché percepito nelle viscere, finché continuerete a replicarne le modalità castranti che sviliscono il corpo anziché elevarlo, non farete che allontanarvi da voi e dalla scoperta del vero senso del piacere.

Non siete stanchi di fingere, non siete stanchi di accontentarvi?

È ora di liberarvi dagli schemi di tutto quello che avete appreso, perché insegnato o perché semplicemente omesso, e approcciarvi alla sessualità come creature in procinto di succhiare per la prima volta il latte della madre, senza aspettative, immersi solo nel momento presente, liberi dai tabù, dai pregiudizi e dalle convenzioni.

Fatevi pionieri di un nuovo mondo in cui il piacere del corpo smetta di essere peccato, ostacolo alla sublimazione del terreno, e torni a essere strumento di elevazione spirituale, anello di congiunzione tra la sacralità della carne e quella dell'anima, manifestazione suprema dell'energia divina.

Imparate ad approcciarvi con curiosità e profondo rispetto all'unicità di ogni corpo e a comprendere il modo peculiare in cui si accende, quali sono i punti dove origina il piacere che lo fa vibrare, i tempi e la direzione in cui si muove e si propaga. Ascoltate la danza dei vostri corpi che si sciolgono uno dentro l'altro, i respiri che si fondono a formare il cerchio perfetto della vita, l'inspirazione e l'espirazione quali yin e yang dello stesso motore propulsore, due energie che si alimentano a vicenda e come un serpente si srotolano dal basso verso l'alto, dalla radice alla corona.

Concedetevi il lusso di scoprire cosa può fare l'eros quando parte dal cuore anziché dai soli genitali, di sperimentare la guarigione dei blocchi emotivi che può avvenire sotto il libero scorrere delle vibrazioni, la potenza trasformativa e trascendentale dell'orgasmo quale suprema espressione dell'amore.

E chiedetevi chi e cosa vi hanno spinti fino ad ora a essere solo corpi, anziché canali al servizio della forza vitale, manifestatori del potere creativo, perché l'energia sessuale è anche capacità gestazionale, di idee e di progetti, e come tale non appartiene solo al femminile ma a ogni essere senziente in contatto con la fonte: lo sciamano che trasforma il sogno in manifestazione, l'alchimista che col fango modella il fiore.

Ma non temete, sorelle e fratelli cari, i tempi sono già maturi, la luce brilla forte al di là del buio e niente e nessuno riuscirà a spegnerla.

Presto arriverà il giorno in cui il ricordo della sacralità con cui sono stati forgiati i vostri corpi non riuscirà più a restarsene nascosto e, come il magma di un vulcano, proromperà in superficie. Arriverà il giorno in cui non sarete più in grado di fingere di essere diversi da quel che siete, la sola idea di provare piacere a comando vi risulterà insopportabile e rifiuterete categoricamente di uniformarvi a un immaginario che non è vostro e in alcun modo vi appartiene.

Arriverà il giorno in cui imparerete, non per scelta ma per naturale evoluzione, a spogliarvi di tutte le maschere che così a lungo vi hanno limitato e senza nemmeno il bisogno di comunicarlo, solo attraverso la vostra presenza, comincerete a manifestare la vostra vera essenza: anime progettate per provare e dare piacere, e attraverso il piacere aprirsi all'amore, e nell'amore verso di sé e l'intero Creato, toccare di nuovo con mano la sacralità della vita.

Cultura

La saggezza del cuore
e della mente

Cara umanità,

cari eredi negligenti di una tradizione culturale e filosofica grandiosa: quando è stato che vi siete allontanati dalla profondità di pensiero e dal genio artistico dei vostri avi?

Figli di poeti e architetti, migranti e naviganti, sognatori e visionari in grado di creare magia dalla materia inerte, avete smesso di seguire la tumultuosa corrente creativa che irrora le fondamenta di ogni civiltà evoluta per aggrapparvi alla rassicurante sponda della pseudocultura di massa, dove imperano la superficialità e la mediocrità.

Vi siete talmente infarciti di slogan e luoghi comuni pronti all'uso da avere dimenticato come riflettere con la vostra testa e, nell'inerzia che ne consegue, avete accettato di assoggettarvi a un unico modo di pensare e di parlare, vestire e lavorare, relazionarvi agli altri e creare modelli famigliari. Persino nel fare l'amore siete stati capaci di assuefarvi a uno stereotipo.

È una società, quella che avete costruito, che appiattisce, smussa e livella verso il basso, premia chi si uniforma alla maggioranza e ghettizza chi osa svicolarsi dal tracciato, una massa di soldatini con gli occhi stampati sui dispositivi elettronici che seguono ottusamente gli ordini impartiti dall'alto.

"Conosci te stesso", si trovava inciso sul frontone di un tempio antico, ma voi quelle parole illuminate le avete svilite e messe da parte, fingendo che l'ingrato compito non meritasse il vostro tempo: perché intestardirsi su questioni così complesse quando là fuori c'è un universo di frivolezze a portata di mano? È già così difficile arrivare a sera, figuriamoci se c'è la forza di fermarsi a capire quale possa essere il senso di arrivarci.

Uomini esausti e inconsolabili, costretti a smettere di pensare per non impazzire, a immergersi nel grande oceano dell'inconsapevolezza per sopravvivere: che questo nostro monito possa giungervi deciso ma privo di giudizio alcuno, per ricordarvi che il corso dell'evoluzione umana, come singoli individui e come specie, ha le sue tappe e voi non siete altro che all'inizio del cammino.

Abbiate fede, fratelli e sorelle senza fede, che ogni fase ha la sua funzione sacra e quel che oggi ai vostri occhi miopi sembra solo un momento d'involuzione, l'ennesimo deragliamento che vi sospinge indietro, non è altro che la preparazione a un nuovo scatto verso l'alto. Nulla è superfluo all'interno del progetto divino, nulla va perduto nell'economia dell'universo. Se cadete è solo perché possiate imparare a rialzarvi e, nel farlo, scoprirvi più forti, se vi perdete è solo per avere la possibilità di ritrovarvi.

Dovete riappropriarvi dello sguardo ampio e laterale che supera il dettaglio e riesce a scorgere la trama dell'arazzo. Questa epoca di involuzione culturale che state attraversando non è il fallimento che chiude la partita, ma solo l'intervallo tra un tempo e l'altro.

È il momento prezioso che vi è concesso per rallentare la corsa e, nello spazio dilatato dell'attesa, recuperare le forze e tornare a sentire la verità del corpo. È l'occasione irrinunciabile per schiarire la mente e ripulirla, così che possa di nuovo essere in grado di distinguere le futilità dall'essenziale. È il tempo sacro, elargito dall'alto, per fare il punto della situazione e capire dove state andando, comprendere se i valori su cui avete tessuto le vostre esistenze siano ancora validi o abbiano invece compiuto il loro corso e debbano ora essere lasciati indietro.

Fermatevi adesso, anime stanche, concedetevi il lusso di dubitare, perché non può esserci progresso in ciò che resta fermo. Davvero credete che questo appiattimento culturale ed emozionale che vi corrode sia tutto ciò a cui potete aspirare?

Chissà se ve lo ricordate, ma la tecnologia è stata creata perché potesse giungervi in soccorso, aiutarvi a semplificare la quotidianità spogliandola di tutte quelle faticose incombenze di cui vi ritenevate indegni. E invece, ironia della sorte, l'ausilio anziché alleggerirvi ha finito per appesantirvi ulteriormente, allontanandovi sempre più dalla via maestra: quella che conduce ai piani superiori. Altro che creature libere, siete schiavi del tempo proprio come allora, anzi ancora più sottomessi, visto che adesso a tenervi in scacco non è solo il tempo occupato ma anche quello che, con grande senso dell'umorismo, continuate a definire "libero".

Il progresso tecnico doveva essere strumento al servizio di un'accelerazione evolutiva e invece ha finito col prendere il sopravvento e fondervi il cervello, rendendovi sempre più passivi e imbambolati dal grande baraccone dell'evasione.

L'abuso di informazioni da cui oggi siete sommersi, la velocità con cui le notizie viaggiano nell'etere e la facilità imbarazzante con cui potete accedervi, non vi hanno fatto diventare più colti ma, al contrario, terribilmente pigri, incapaci di comprendere un testo e approfondire un tema, mantenere alta la concentrazione e avventurarvi nelle zone inesplorate della conoscenza, là dove si nasconde l'immensa potenzialità del non sapere.

Abituati a frequentare l'involucro esteriore dell'intelletto, siete diventati impermeabili alle grandi domande, del tutto incapaci di accedere alle risorse intellettuali ed emotive necessarie per farvi fronte.

Pieni zeppi di certificati, attestati e pergamene, eppure molto più analfabeti di chi vi ha preceduti. Perché ai vostri antenati magari difettavano le doti di eloquenza, ma loro, a differenza vostra, sapevano pensare.

Che fine hanno fatto i filosofi? Siete circondati da fantocci del perbenismo, devoti del pensiero comune che trovano libero sfogo attraverso degli schermi e i ticchettii di una tastiera, ma i rivoluzionari dell'intelletto, quelli che mettono a soqquadro il vecchio mondo e si fanno pionieri di un nuovo paradigma, languono come il sole in mezzo a un cimitero di palazzi. Al loro posto, masse di tuttologi inconsistenti che sputacchiano sentenze con arroganza a fronte di un briciolo di notorietà, ciarlatani con la cravatta al collo che parlano di tutto senza approfondire niente.

Un tempo i pensatori rivestivano un ruolo prioritario. Influenti e trasversali, radunavano folle nelle strade ed erano accolti nei palazzi dei potenti, mettevano al servizio della comunità il loro intelletto fine per individuare le criticità del tempo e ideare soluzioni atte a sovvertirle. La loro attitudine all'ascolto, tanto del mondo tangibile quanto di quello ineffabile, la profondità di analisi, lo sguardo capace di svincolarsi dall'urgenza del momento e spingersi in avanti a immaginare nuovi modi di vivere e stare insieme, facevano di loro la colonna portante di una cultura fiorente.

Un tempo i filosofi erano applauditi dal volgo nelle piazze, ora dormono all'addiaccio su una panchina avvolti da una coperta logora, lasciati soli e inascoltati, messi al bando come poveri pazzi.

Che fine hanno fatto i creativi? Non i finti artisti servi del sistema, ma gli artisti veri, quelli davvero controcorrente, che utilizzano l'arte come un'arma contundente per abbattere le strutture marce della società, che si servono del loro genio per precorrere i tempi e aprire nuovi scorci sul mondo che potrebbe essere. Scrittori, poeti, pittori e musicisti in grado di sovvertire i luoghi comuni, mettere in ridicolo le follie del proprio tempo e ridisegnare le forme incancrenite del vivere comunitario. Creativi che, attraverso la fiamma del proprio estro, riescono a scuotere chi sta loro intorno e riaccendere il potere d'immaginazione nelle menti ormai anestetizzate.

Il cervello è una macchina d'alta ingegneria di cui ancora ignorate le straordinarie potenzialità, non avete idea di quello che può fare se utilizzato con sapienza, ma se continuerete a impiegarlo come state facendo adesso – per uniformarvi, compiacere, sottostare al pensiero dominante – sarà solo un organo come tutti gli altri, un muscolo che senza allenamento è destinato all'atrofia.

L'adeguamento acritico al sistema culturale preconfezionato ha dato vita a una crisi di creatività senza precedenti.

Le città che ancora conservano la memoria degli antichi fasti decadono giorno dopo giorno all'ombra dei grattacieli e dei cartelloni pubblicitari; le strade, un tempo fucina a cielo aperto di creature talentuose, sono ora abbandonate a masse di impotenti creativi del tutto privi di fantasia, che camuffano l'aridità interiore sotto l'effige di una provocazione sterile fine a se stessa, desiderosi di stupire non per risvegliare le coscienze ma solo per gonfiare il proprio ego e perpetuare così l'umano letargo.

Senza pensatori, senza artisti, senza cultura: non c'è da stupirsi se vi siete inariditi, è già un miracolo che non vi siate estinti.

Che futuro può mai avere una società che considera la cultura un vezzo trascurabile, un passatempo buono solo per scansafatiche e ricchi annoiati? Non c'è prestigio per chi si impegna ad accendere fiammelle di consapevolezza negli animi addormentati, non c'è denaro per supportare il loro ingegno, non c'è riconoscimento, nessun ringraziamento.

Dove sono finiti gli intellettuali veri, quelli umili e coraggiosi al tempo stesso, integri non solo fuori ma anche nell'animo? Pensatori che non si limitano a chiacchierare ma osano realizzare in prima persona ciò di cui si fanno portavoce, testimoni incarnati della visione che propongono, idea partorita dalla mente che diventa azione. Che dolore vederli spodestati dai sedicenti intellettuali che siedono spocchiosi nei salotti televisivi a pontificare dall'alto, aggrovigliati nelle loro elucubrazioni mentali al punto da non riuscire più a slegarsi dal regno dell'astrazione per calarsi nella materia, controcorrente sotto i riflettori e allineati al pensiero comune tra le pareti di casa. Che lascino di nuovo spazio a chi non ha timore di sporcarsi le mani, di farsi esempio vivente di cambiamento tornando a mescolarsi tra la folla, a frequentare i cortili delle case, i piccoli villaggi e le borgate.

Servono persone che siano disposte a scendere dai loro dorati piedistalli e tornino a sedersi a terra per parlare con la gente, guardarla negli occhi e ascoltare quello che ha dire, non per una sterile ricerca di consenso ma per amore della ricchezza che sempre nasce dall'incontro col diverso. Pensatori desiderosi tanto di condividere il proprio sapere quanto di apprenderlo dagli altri, di confrontarsi per alimentarsi a vicenda e dare vita a una catena di riflessioni che, attraverso il reciproco nutrimento, sia in grado di elevare il pensiero, aprire nuovi punti di vista, generare quesiti che non siano retorici, sentenze camuffate sotto l'effige di un punto interrogativo, ma domande vere e stimolanti in grado di fare sgorgare nuove discussioni.

Adesso che la filosofia ha smesso di riempire le strade per chiudersi a chiave dentro le aule scolastiche, dove non fa che parlarsi addosso e autocelebrarsi, adesso che l'intellettuale non ha più tempo di interessarsi alla società e alle sue ferite, preso com'è ad alimentare il proprio egocentrismo, adesso che di profondità non volete più nemmeno sentir parlare, perché il solo pensiero vi annoia a morte, siete marinai alla deriva che hanno smarrito nella nebbia il loro faro.

Un popolo senza cultura non è altro che un insieme di zombi privi di coscienza e identità, che procedono a tentoni nella notte buia senza sapere dove andare perché incapaci di capire dove sono, un popolo abbandonato a se stesso destinato ad arrancare senza certezze, senza visione, senza missione, senza speranza. È una società morta, prosciugata di contenuti e suscettibile di essere riempita di ideologie, manipolata e direzionata là dove fa più comodo al potente.

Servono riflessioni profonde per risvegliare le coscienze, parole visionarie pronunciate da chi conosce a sufficienza i tranelli della mente da poterli scardinare, servono ragionamenti innovatori che sappiano rompere gli schemi, domande scomode e provocatorie in grado di bucare la superficie e raggiungere l'inconscio, là dove pulsa indomito il fuoco propulsore che rende vigile l'addormentato.

Occorrono intelletti fini e coraggiosi disposti ad assumersi l'onere di fare luce là dove occorre, ma che al contempo siano abbastanza umili da comprendere quando è il momento di ritirarsi e lasciare spazio all'autorità individuale.

È finito il tempo dei finti maestri col dito puntato che, con la scusa di risvegliare le menti, non fanno altro che soggiogarle, non c'è più spazio per i santoni altezzosi e giudicanti che prima decantano la libertà e poi la infarciscono di regole e paletti.

Questo è il tempo dei mentori e delle guide che accompagnano per mano, ma solo per un tratto, solo finché serve, e poi lasciano gli altri liberi di percorrere il proprio cammino evolutivo, affinché ognuno possa ritrovare il suo potere, smettere di essere allievo e diventare il prima possibile maestro di se stesso. Ricordatevi che una società è fatta di burattini solo finché lei stessa li considera tali, ma se comincia a immaginarli composti di carne anziché di legno, in grado di camminare da soli e non solo sotto l'impulso di una corda tirata, i burattini, come nelle favole, prendono vita e partono a esplorare il mondo in piena autonomia.

Affinché il cambiamento di cui si fa promotrice non abbia un impatto solo sull'immediato ma possa agire a largo raggio, la cultura deve essere espansa e condivisa. Nessuna mente saggia, per quanto illuminata, potrà mai cambiare il corso della storia se non sarà in grado, attraverso il suo passaggio, di ispirare le altre menti e renderle di nuovo indipendenti.

È questa la differenza tra l'imbonitore e l'intellettuale: il primo dice agli altri cosa pensare, il secondo li educa a ragionare con la propria testa. Non sarà l'emulazione a salvare il mondo, ma una presa di responsabilità individuale abbracciata senza riserve.

Donne e uomini liberi in grado di formulare pensieri liberi: ecco ciò che serve oggi. Persone dagli occhi spalancati e dalle antenne dritte che sappiano setacciare la mente dividendo il seme dalla pula, così che il volere personale torni a essere distinto dalle credenze instillate, i bisogni genuini da quelli indotti. Creature coscienti e coraggiose pronte ad abbandonare la lamentela e a darsi da fare, capaci di sporcarsi le mani, di mettersi in gioco, di assumersi la responsabilità delle proprie azioni e dei propri errori.

Ma per togliere l'intelletto dalla bara in cui lo avete fatto precipitare, non è agli strumenti cerebrali che dovete attingere, ma all'infinita fonte delle potenzialità emotive.

L'atrofia dell'intelletto, lo abbiamo sottolineato nella lettera precedente, ha origine nella paralisi del cuore, nello sfilacciamento del legame profondo che connette i due organi tra loro. Un cuore che ha perso il contatto con il sentire, che sopprime i moti emozionali, oppure, altra faccia della medaglia, li sguinzaglia attorno a caso senza dar loro una direzione, è nutrimento inerte per la mente, resa incapace di raggiungere le alte vette perché privata della base.

Se volete tornare a essere prolifici di mente, siate dunque espansi nel sentire.

La vostra realtà è piena zeppa di insegnanti dediti a spargere nozioni ma ancora troppo pochi sono coloro che si dedicano all'educazione di ciò che fa di un bambino un uomo, persona strutturata e solida sulle gambe, in grado di affrontare il mondo senza paura e portare alla comunità il proprio contributo.

Un giovane che si appresta a entrare nel grande gioco della vita, ancor prima di conoscere le lingue o la composizione chimica degli elementi, ha bisogno di imparare a rapportarsi con l'universo emotivo che gli pulsa dentro, ascoltarlo e farci pace, capire come esprimerlo e convogliarlo fuori senza che faccia troppi danni, così che l'emozione smetta di essere muro verso l'altro e diventi finalmente ponte. È di un accompagnamento amorevole ed equilibrato alla gestione delle emozioni che ha bisogno, non di trovare ogni volta nuovi modi per rimpinzare il proprio egocentrismo.

La cultura passa anche attraverso un'educazione illuminata capace di vedere l'individuo nella sua totalità, pregi e presunti difetti ugualmente degni d'attenzione, entrambi preziosi strumenti evolutivi in mano all'anima in cammino.

Il valore di una persona non si misura con i titoli accademici che colleziona né col numero di attività che svolge, né tantomeno si desume dal confronto cocciuto con gli altri, in queste assurde gare basate sul merito e la competizione di cui siete ormai diventati maestri.

Una comunità che aspira a progredire non sa che farsene di persone omologate create con lo stampino, ma trova nutrimento dall'interazione di creature irripetibili, soddisfatte e orgogliose di quel che sono, in contatto con loro stesse, in grado di ascoltarsi e manifestarsi nella loro preziosa unicità.

Servono genitori ed educatori premurosi che sappiano dare il giusto riconoscimento alle peculiarità delle nuove generazioni e abbiano gli strumenti adeguati, testati prima su loro stessi, per fare emergere le potenzialità di ognuno, affinché ogni individuo possa prendere coscienza dei propri talenti, manifestarli e metterli al servizio della società.

Servono adulti rivoluzionari abbastanza coraggiosi da interrompere una volta per tutte la corsa sfrenata di questa epoca impaziente, incapace di fermarsi perché terrorizzata dall'idea di ritrovarsi nella condizione di pensare, osservarsi e sperimentarsi. Perché è anche, e soprattutto, di lentezza che hanno bisogno i vostri figli, di quei tempi vuoti che voi, imperterriti, continuate a chiamare "morti", ma che in realtà ribollono di vita.

Insegnate loro a stare senza fare niente, a restare immobili in quelle pause dilatate prive di attività dove prendono forma le infinite opportunità della vita. Quella che voi definite "noia" è in realtà il tempo sacro dove il silenzio si sostituisce al chiacchiericcio, l'immobilità alla frenesia, lo spazio dilatato dove il tempo sembra scorrere al contrario, non più in avanti e proiettato all'esterno ma indietro e verso l'interno, là dove nasce la coscienza e risuona l'antica voce del sentire.

Educateli ad ascoltare, prima ancora che a parlare, mostrate loro attraverso l'esempio che le relazioni non si fondano sui monologhi egoriferiti ma sul dialogo profondo, e che non può esserci comunicazione se ci si parla addosso ma solo se si percorre quel filo sottile e impalpabile che connette due anime al di là dei pregiudizi e delle aspettative.

Dite loro che è nel silenzio e nell'osservazione attenta che nascono le intuizioni in grado di cambiare una vita intera, che c'è bisogno di ripulire la coscienza dal frastuono affinché le domande importanti possano trovare risposta e possano farlo senza forzature e costrizioni, come il seme che al momento giusto si converte in frutto.

Riportateli alla lettura, date loro in mano i grandi libri della letteratura, della storia e della filosofia, così da risvegliare i loro sensi addormentati dall'assuefazione al digitale e farli tornare capaci di sentire il profumo che si sprigiona dalle pagine, toccare la consistenza della loro trama grezza, percepire la densità della cultura che preme sul palmo della mano.

Insegnate loro a soffermarsi sulle parole, a intuirne il significato senza correre subito a cercarlo sul dizionario, a ripetere a voce bassa le frasi più belle per apprezzarne la musicalità, a lasciare decantare le storie, i personaggi e i concetti abbastanza a lungo da mantenerli in vita, a concedersi il privilegio di affondarci dentro, prima di chiudere un libro e passare al successivo.

Portateli nei musei e nelle sale da concerto, quelli al chiuso e quelli allestiti a cielo aperto, perché le opere d'arte non si trovano solo nelle pinacoteche ma anche in mezzo alla natura: cattedrali di pietra e sculture di minerali, quadri dipinti a olio e ritratti di foglie e legno, composizioni di strumenti a fiato e melodie di acque di torrente.

Dite loro che la cultura è ovunque e in ogni momento può essere costruita.

È nelle pagine di un'enciclopedia e negli strati umidi della terra, nell'incisione di una chiesa e tra i fili d'erba, nella lezione impartita sui banchi di scuola e in quella appresa in mezzo a una strada.

È nello sprono e nella dolcezza, nell'impeto dell'azione e nella resa dell'attesa, nell'eloquenza delle parole e nella sapienza del silenzio, nell'istinto del corpo e nell'astrazione della mente. In ogni lezione che apprenderanno, in ogni persona che incontreranno, in ogni singolo miracolo a cui assisteranno.

In queste lettere che vi mandiamo, sorelle e fratelli amati, e in quelle che un giorno, ce lo auguriamo, scriverete ai vostri figli.

Economia

Da una ricchezza contratta
a una ricchezza espansa

Cara umanità,

abbiamo già accennato in precedenza a quanto gli idiomi di cui vi avvalete per comunicare e interpretare quello che esperite siano per lo più inadeguati e delle cose riescano spesso a cogliere solo l'involucro esteriore. Ma il vostro compito, da creature in evoluzione quali siete, è quello di scavallare la superficie e scendere sempre più dentro l'essenza.

Perché questo possa avvenire, però, non sono ammesse vie di mezzo: occorre abbandonare senza rimpianti l'apparenza, togliere una volta per tutte il velo rassicurante con cui avete ammantato la realtà. E aprirvi finalmente a una nuova prospettiva.

Il termine che oggi siete chiamati ad ampliare è ricchezza.

"Larga disponibilità di beni e risorse economiche": questa è la definizione che ne danno i vecchi dizionari della vostra generazione. "Larga" significa ampia, espansa, suggerisce un movimento che dall'interno procede verso l'esterno, scavalca i confini individuali per allargarsi a quello che fiorisce intorno. Voi invece, figli tronfi di un'epoca miope ed egoista, avete compresso questo aggettivo, lo avete fatto implodere su se stesso rendendolo circoscritto, a indicare una dimensione personale che si gonfia dentro i paletti individuali e raramente si protende fuori a coinvolgere anche gli altri, anzi, spesso gli altri finisce per escluderli.

Nell'ottica primitiva dell'economia capitalistica in cui ancora vi trovate aggrovigliati, l'altro non è visto quale potenziale complice e alleato ma come inciampo al proprio arricchimento, ostacolo limitante che va rimosso, o in alternativa, trasformato in mezzo da sfruttare, da spremere fino all'osso per il proprio tornaconto personale.

Ed ecco qui il grande travisamento.

La ricchezza non è una coperta che, se tirata da un'estremità, si accorcia dall'altro lato. Si tratta di un pensiero fallace dovuto al fraintendimento della sua natura e dello strumento per eccellenza di cui si avvale: il denaro. Siete abituati a ricondurre entrambi alla sola materia, che assume ogni volta una forma statica diversa – banconote, carte di credito, conti correnti e possedimenti vari.

Ma il denaro è molto più di un oggetto materico che si guadagna e poi si trattiene per non disperderlo, è un'energia in movimento, creatura raminga per natura che meno viene trattenuta e più è libera di tornare alla fonte, dove può rigenerarsi e moltiplicarsi.

Adoperatevi per condividere il denaro, rimetterlo in circolo così che possa fluire, nutrire non solo voi ma anche la comunità a cui appartenete, perché solo una comunità florida può rendere prosperosi i propri cittadini.

Sostenete le piccole realtà locali invisibili allo Stato, gli imprenditori coraggiosi, i giovani visionari capaci di vedere a lungo raggio e contribuire alla costruzione di un nuovo mondo. Finanziate chi torna alla terra con amore per coltivarne i frutti, chi è riuscito a rallentare, a lasciare andare il superfluo, chi ha imparato l'arte della dedizione e della pazienza.

E investite su di voi. Usate parte dei vostri averi per approfondire i talenti inesplorati, gettare le basi del sogno che da decenni continuate a rimandare in attesa di tempi migliori, facendo finta di dimenticare che i "tempi migliori" sono solo un trucco della mente per fare vincere l'inerzia e che quel che viene rimandato porta già dentro di sé il seme della morte. Spendete i vostri soldi per viaggiare, studiare e ampliare gli orizzonti, prendervi una pausa oppure non fare proprio niente, perché anche a questo serve il denaro, a liberare il tempo.

Il denaro, sorelle e fratelli nostri, non vi appartiene; come la terra, come l'amore, è proprietà esclusiva del Creato e chi lo tiene per sé farà la fine del vecchio ricco stolto che, dopo avere accumulato beni per tutta la vita, muore prima di riuscire a goderseli.

Come sempre, la scelta spetta a voi: volete essere ricchi da morti oppure da vivi?

Vi hanno convinti che la ricchezza materiale sia solo un mezzo attraverso il quale sentirsi più meritevoli, più accettati, più soddisfatti. Ma davvero avete così poca stima di voi stessi da pensare che a definirvi sia la cifra di un conto in banca?

I soldi sono necessari per soddisfare i bisogni primari e vivere dignitosamente, ma non è certo nel loro accumulo che si manifesta l'abbondanza. Questa potrà suonare come una banalità alle vostre orecchie raffinate, la solita manfrina trita e ritrita rifilata da chi pretende di saperla lunga ma non sa di cosa parla. Ma allora diteci: perché continuate a misurare la ricchezza con ciò che possedete e la penuria con quello che vi manca?

Più oggetti ammassate nelle vostre case e più ne diventate dipendenti, trasformandovi da esseri senzienti in pedine di un gioco delirante dove oggetto chiama oggetto e soldi chiedono altri soldi, in un perverso meccanismo di auto-incantamento in cui il miraggio di una felicità imminente alimenta costantemente il bisogno di un nuovo appagamento. Ma sappiate che a noi, che vi osserviamo con amore dalla distanza, quella che voi definite abbondanza sembra molto più la consacrazione di una mancanza, la toppa di seta appuntata su una veste logora.

Perché non riuscite a vederlo? L'eccesso di risorse su cui avete costruito la vostra idea di libertà non fa che rendervi ogni giorno più prigionieri, incatenati alla ruota infernale del "lavora-guadagna-consuma-lavora-fine corsa".

Che follia, fratelli e sorelle, chiamare ricchezza quel che di fatto tarpa le ali!

Qui serve una grande opera di destrutturazione, che sia in grado di fare piazza pulita dei convincimenti secolari sulla ricchezza e consenta di riconsiderarla da un nuovo punto di vista, così da costruire un nuovo concetto di economia.

Per prima cosa, occorre ridefinire i parametri della prosperità, a cominciare da quelli personali.

È ora di domandarsi che cosa davvero rende appagati, dove risiede la propria fastosità. Se è nella quantità di denaro conservato in banca e nel senso di sicurezza che questo rimanda, nel numero di beni posseduti e nel riconoscimento sociale che ne consegue. O se invece non si trova nella scelta di una professione che stimola e appassiona, nella quantità di tempo che ci si riesce a ritagliare per se stessi, i propri talenti e le persone amate.

Cercate di capire se la strada per raggiungere l'abbondanza vi dà adrenalina o vi mette ansia, se vi nutre o vi prosciuga, se vi rende liberi oppure schiavi.

Cercate di individuare i meccanismi che vi spingono alla compulsione materiale, all'inseguire sempre ciò che non avete. Cosa state cercando di camuffare dietro questa ossessione dell'accumulare, cos'è che ancora non siete disposti a vedere, quale vuoto non siete ancora pronti ad affrontare?

Vi siete illusi di potere essere liberi in un mondo opulento e globalizzato, ma di esso non siete altro che marionette inerti, mendicanti con la mano tesa in cerca di un'anima pia che dia loro sostentamento.

Questo tempo faticoso in cui vi trovate immersi, scarno preambolo di quello che vi attende, sta portando sempre più sotto i riflettori le catene che vi rendono prigionieri.

La frustrazione, la rabbia repressa, la cattiveria, le manifestazioni portentose della natura che si ribella, stanno avendo sussulti sempre più fragorosi che mettono a soqquadro la società e il pianeta. Il fuoco che li alimenta, potente strumento di trasformazione se incanalato con consapevolezza ma altamente distruttivo se represso o non correttamente veicolato, smette di agevolare l'impeto all'evoluzione e diventa ostruzione, strumento di indiscriminata distruzione. Guerre, epidemie, focolai di violenza che divampano nella terra arida di amore sono il risultato di un tentativo disperato di opporsi al cambiamento, dell'impulso di tenersi aggrappati con i denti alle manifestazioni di un mondo sempre più platealmente marcescente.

Sappiate, anime care, che la vera ribellione non consiste nell'opporsi ma nel lasciare andare, nella potenza trasformativa della resa alla vita e alla sua intrinseca saggezza. Più vi opporrete al carceriere e più si inspessiranno le vostre catene, più vi terrete aggrappati a ciò che di fatto è già morto e più la sofferenza diventerà acuta e vi impedirà di vedere l'opportunità che si nasconde dietro la crisi: quella di osservare in modo disincantato chi siete e la modalità di vivere aberrante in cui vi siete impantanati.

Guardate cosa vi sta mostrando il vostro tempo, cosa vi stanno raccontando di voi e del vostro concetto di comunità le attuali criticità sociali, cosa cercano di insegnarvi, verso quale direzione vi stanno spingendo.

Guardate le scatole di cemento in cui vivete, i mille tentacoli che la tengono allacciata a un sistema economico solo apparentemente liberale, dove il benessere è pura merce di scambio, diritto concesso ma nient'affatto garantito.

Provate a pensare a cosa succederebbe se qualche capoccia di turno decidesse di staccare la spina alla vostra presunta autonomia: sareste in grado di ritrovare dentro di voi la fiammella di quella libertà sottratta o continuereste a cercarla all'esterno?

Cosa succederebbe se il prezzo dell'energia dovesse arrivare alle stelle, se i trasporti venissero bloccati e il cibo non dovesse più arrivare con regolarità sugli scaffali: riuscireste a fare a meno dei vostri amati apparati tecnologici, ce la fareste a procacciarvi il cibo che vi occorre, sareste in grado di sopravvivere?

E se, nella separazione paurosa che sempre più si allarga dentro i nuclei famigliari e i vicinati, nell'isolamento invalidante dell'individuo che, orfano degli altri, può contare solo su stesso, cosa accadrebbe se un giorno doveste avere bisogno, chi vi aiuterebbe?

Il concetto di economia vigente è menzognero, si avvale di termini ingannevoli come "liberale" e "globalizzato", che suggeriscono un senso di unione e indipendenza di fatto del tutto assenti, è un'economia malata che frammenta e allontana, promette benessere ma lo dispensa solo a un'esigua fetta di privilegiati, potere e denaro concentrati nelle mani di pochi e bocche asciutte per tutti gli altri.

Avete assemblato un sistema del tutto disequilibrato fatto di sola quantità, il cui interesse prioritario è inseguire il prezzo più basso di un bene anziché puntare sulla sua qualità, dove trionfa il profitto individuale mentre quello collettivo langue, un sistema incurante dei più elementari fondamenti etici ed empatici propri di una società civile, in grado di sopravvivere solo in virtù di uno sfruttamento – umano, animale e ambientale – selvaggio e indiscriminato. Come fate a non vedere che è solo uno specchietto per le allodole, una spirale che procede inesorabilmente verso il basso?

Chissà se vi siete mai soffermati a riflettere sugli elementi che consentono l'esistenza dei prodotti a basso costo, dei tre per due, delle occasioni irrinunciabili dei vostri amati centri commerciali.

Chissà se li vedete, nascosti dietro le offerte speciali, gli esuli affamati delle foreste desertificate, se sentite il loro lamento; se riuscite a scorgere riflessi nello schermo dei trastulli tecnologici gli occhi dei lavoratori sfruttati, sfiniti dai turni massacranti, uomini, donne e bambini sacrificati sull'altare dei vostri vizi, se sentite il loro dolore, la rabbia, la rassegnazione.

Ma che nessuno si azzardi a versare lacrime per loro se prima non è disposto a versarle per se stesso e la propria colpevolezza, perché è responsabile esattamente come il padrone che li munge.

E tantomeno, nessuno provi a lavarsi la coscienza fingendo di ribellarsi a un sistema ormai bello che collassato, perché solo i vili hanno l'ardore di opporsi a ciò che da tempo è già defunto.

Ogni sistema malato porta in seno la propria risoluzione e questa coincide con la sua estremizzazione: prima o poi il cancro raggiunge il culmine e implode. L'apice lo state sperimentando proprio adesso, nel momento esatto in cui leggete queste righe, lo strappo è già avvenuto, non si tratta più di cambiare rotta ma di osservare il dipanarsi del movimento in atto e assistere pazienti all'inevitabile disfacimento.

È dopo, che è richiesta la vostra azione. È come reagirete al collasso del sistema economico che conoscete, che farà la differenza, come vi comporterete di fronte al bivio. Se continuerete nella follia di provare a tenere in piedi ciò che ormai è morto, prolungando ulteriormente la sofferenza che deriva dal cieco attaccamento, o se, peggio ancora, proverete a mettere al posto del morto un nuovo defunto perseverando nell'errore. O se invece vi rimboccherete le maniche dandovi da fare per trasformare la cenere in nuove fondamenta.

Potete reinventare l'economia che vi sostiene, come individui e come popoli, ne avete tutti gli strumenti. Li avete sotto gli occhi, ma per riuscire a vederli dovete ampliare la vostra visuale, integrare i vecchi insegnamenti con le risorse tecnologiche di questa epoca sorprendente.

I vostri avi fondavano lo scambio economico solo in parte sul denaro, barattavano i prodotti della terra scambiando l'eccedenza con la carenza, mettevano al servizio della comunità le abilità personali, utilizzavano l'arte del dono come aggiuntiva merce di scambio adottando un sistema circolare anziché piramidale, di sostegno reciproco anziché di spietata concorrenza, in cui ognuno era al contempo fornitore e fruitore, aiutato e aiutante, pedina essenziale per il sostentamento dell'intera comunità.

Prendete ispirazione dai valori del passato per provare a imbastire un'economia etica, equa e solidale, dove nessuno venga escluso, non il disabile, non il fragile né l'anziano, perché siete tutti parte di uno stesso organismo sistemico che racchiude ogni particella dell'esistente: persone, animali e ambiente.

Che nessuno mai più venga lasciato indietro: chi abbandonerà il suo vicino sarà a sua volta abbandonato!

La giustizia divina non è clemente come immaginate, il suo scopo è preservare la vita e la pulsione all'espansione, e tutto ciò che interrompe o rallenta il processo di evoluzione va immediatamente eliminato, nessun patteggiamento per l'ostruzionista, nessuna prescrizione per il sabotatore.

Ma non solo di umana pietà si tratta, ma anche di pragmatica lungimiranza. Quelli che voi chiamate "scarti" del sistema economico, parassiti atti solo a consumare e a non produrre, sono tali solo perché così li avete condannati a essere, convincendoli di non essere più buoni a niente.

Ogni persona è una risorsa, quando è libera di esprimere i suoi talenti.

Date un pennello in mano a un "pazzo" e osservate cosa accade quando la creatività non è tenuta a freno dalla ragione e dai paletti del perbenismo. Portate gli anziani nelle scuole e trasformateli in cantastorie, custodi di una memoria da conservare e tramandare. Costruite città a misura dei disabili, che anche loro possano muoversi liberamente come fanno tutti gli altri, che mai più siano costretti a starsene tappati in casa come fossero una vergogna, cicatrice sgraziata sulla pelle perfetta di una società ipocrita. Date loro modo di togliersi dal ruolo di peso per diventare fruitori e contribuenti, permettetegli di mostrarvi come dietro un'apparente inettitudine ci sia sempre un'abilità in attesa di mostrarsi e dietro la fragilità la forza di un incendio in procinto di divampare.

Solo una società in grado di rispettare le diversità e allo stesso tempo capace di dare valore al singolo e ai suoi talenti può dare vita a un'economia florida. Solo un'economia che metta al centro del sistema la qualità – dei prodotti, del lavoro, dello stile di vita e dell'impatto ambientale – e che proceda verso l'integrazione anziché la frammentazione di ogni componente, può resistere ai terremoti della storia e dare vita a una spirale di benessere che punti decisa verso l'alto, generando una prosperità di cui tutti possano beneficiare quali anelli dello stesso sofisticato meccanismo.

Oltre l'implosione del sistema capitalistico c'è una nuova ricchezza che vi attende, molto più ampia di quella che conoscete.

È una ricchezza che esce dalle banche ed entra nei cortili e dai palazzi scende dentro gli orti, un benessere primordiale che dal cervello è restituito alle mani e al loro istinto primordiale, quello che si azzarda a fare ancora prima di capire come. Mani che smettono di essere inerti appendici tecnologiche per tornare a essere strumenti raffinati atti a costruire pezzo dopo pezzo la propria vita, mani capaci di intagliare il legno, di mescolare la paglia con il fango, di raccogliere la pioggia, di fermentare il cibo, di smuovere la terra per renderla feconda.

È la ricchezza dell'essere umano che smette di essere dipendente dai ricatti altrui e torna ad autoprodurre responsabilmente quel che gli necessita, con l'ausilio delle proprie forze intrecciate a quelle di Madre Natura e delle sue immense risorse, attraverso la cooperazione con gli altri e l'integrazione delle predisposizioni individuali. Una ricchezza corale ed espansa, che prima spinge lo sguardo dentro per intercettare le peculiarità personali e fornire loro il coraggio di esprimersi, e poi lo rivolge fuori, mettendo in circolo le inclinazioni, le competenze, i doni di cui ognuno è portavoce, in una spirale che adesso non scende più verso il basso e nemmeno punta solo verso l'alto, ma si espande attorno come un vortice che si autoalimenta a getto costante.

Figli dell'ideologia del lavoro e del sacrificio, siete cresciuti con l'idea che il benessere potesse arrivare solo dalla fatica e dalla tribolazione, frutto di sudore e sangue sputato, di carriere da costruire a fronte di tempo, persone ed emozioni lasciate indietro. Che sia maledetto chi è riuscito a convincervi che una lenta e inesorabile assuefazione all'infelicità fosse il giusto pegno da pagare in cambio di un po' di sicurezza.

Certo, il duro lavoro è necessario, occorre rimboccarsi le maniche per dare vita a un cambiamento radicale, passare dall'idea all'azione, dalla lamentela alla responsabilità, perché i benefici non sono dovuti e di certo non piovono dall'alto. Ma attenzione a non confondere l'impegno con l'accettazione di un lavoro alienante e la rinuncia al proprio tempo sacro.

C'è una ricchezza assai più dolce che attende chi all'accumulo esasperante preferirà il lasciare andare, perché meno si possiede e più si assottigliano le esigenze, e più ci si affranca dalle esigenze e più ci si libera dalle catene.

Se volete essere ricchi davvero e non solo in apparenza, siate dunque pronti a rinunciare alle vostre catene.

Abbandonate le lusinghe di questa economia disumanizzata. Tornate a essere produttori, anziché passivi consumatori, attingete a piene mani all'energia dal sole e ai frutti dalla terra, fortificate i corpi all'aria aperta, ridate vita a quelle mani atrofizzate dalla reiterazione di gesti automatici per metterle al servizio della creazione di tutto quello che vi occorre.

E spalancate quelle braccia chiuse nel tentativo di proteggere i vostri beni effimeri, condividete i profitti del vostro lavoro così da creare spazio ed essere in grado di riceverne altri in cambio. Tornate a stringervi e ad abbeverarvi l'uno alla fonte dell'altro, unite le forze e spalancate il cuore, perché, per quanto vi darete da fare, da soli varrete sempre uno, mentre uniti varrete un numero tendente all'infinito.

Con l'augurio che queste parole non vadano perse nel vento, ma attecchiscano nella terra fertile della ricchezza che vi portate dentro.

Essere

La scoperta di sé
e la manifestazione

Cara umanità,

non esiste dolore più grande per un genitore che vedere un figlio insoddisfatto, sopraffatto dalla noia, che arranca con fatica e rinuncia a mordere la vita. E non esiste dolore più grande per un figlio che vedere un genitore esausto, arroccato dentro i ricordi fino a perdere interesse per il presente, che decide di lasciarsi andare e spegnersi pian piano.

In virtù di questo tempo circolare dove passato e futuro si scambiano di posto incessantemente, noi siamo di voi figli e al tempo stesso genitori, discendenti e precursori della vostra generazione, condannati a sentire sottopelle la sofferenza che vi affligge e a subirne le conseguenze con doppio crepacuore.

Da questo spazio dilatato in cui la distanza si assottiglia fino ad annullarsi, vi osserviamo procedere a tentoni senza identità né direzione, alla spasmodica ricerca di una meta da raggiungere, dove meta di fatto non esiste ma solo l'eterno incedere del viaggio, da vita a vita, da astro ad astro.

Vi trovate immersi in un malessere che non conosce precedenti. I vostri progenitori erano troppo impegnati a soddisfare i bisogni basilari per dedicarsi alle grandi domande esistenziali; riflettere sul senso della vita è un privilegio che non tutti possono concedersi, servono spalle protette e pance belle piene affinché la mente possa sollevarsi dalla materia e spingersi a esplorare gli infiniti spazi che le competono. Ma interrogarsi sul motivo del proprio essere nel mondo è molto più di un diritto portato a riva dall'onda del progresso: è un dovere da adempiere nel rispetto del piano generale, quello che vi trascende e in cui ognuno di voi è chiamato senza indugio a fare la sua parte.

Ciò che oggi vi è richiesto, in accordo con il movimento inarrestabile della grande ruota evolutiva, è di impegnarvi a cercare un significato là dove un significato sembra non sussistere perché parte dell'imperscrutabile mistero, tornare a dare valore a un'esistenza apparentemente insulsa in cui tutto sembra procedere nel caos sulla base di criteri incomprensibili. Trovare, insomma, la ragione sottesa a questo sfiancante sali e scendi, in questa follia ad occhi aperti, dove un momento si è sangue che pulsa e l'attimo dopo inerte concime per la terra.

Non è solo della sofferenza, però, che dovete risolvere l'arcano, ma anche dell'incantevole meraviglia che la completa.

In mezzo a questa fune traballante sospesa sul baratro, che costringe il viaggiatore della vita a diventare funambolo prima ancora che essere umano, si fanno sovente largo sparute fiammelle di bellezza, talmente abbaglianti da non riuscire quasi a guardarle in faccia, bagliori che per un istante brillano nel buio e subito dopo si rendono latenti. Perché anche la fugacità della bellezza può essere fonte di sgomento, proprio come il dolore.

Fare i conti con la paurosa contraddizione della vita: ecco ciò a cui oggi siete chiamati. Individuare la fonte da cui tutto deriva e che tutto intreccia, riuscire a scorgere nella dicotomia il principio sotteso dell'armonia.

Il compito che vi è stato affidato, andato smarrito nell'incoscienza di questi tempi accelerati, è tornare al silenzio che riposa oltre il frastuono per comprendere chi siete e il motivo per cui vi trovate a camminare su questa Terra, intuire il senso del vostro esserci e come esso si incastri, e si completi, con quello dei vostri fratelli. Imparare a vedere, oltre i percorsi individuali, il piano più grande di cui tutti siete parte, fili sparsi designati a intrecciarsi per tessere insieme il grande arazzo della vita.

Siete i precursori, ancora inconsapevoli, di una nuova era filosofica che, dopo essersi rinchiusa nel suo imperdonabile letargo, genuflessa anch'essa al grande idolo dell'apparenza, è oggi sollecitata con fermezza a tornare a occuparsi dell'essenza.

Ma come potete trovare il significato della vita, se della vita continuate a ignorare il fondamento?

Finché non cercherete la ragione di ciò che siete, il senso di quello che vi circonda vi sarà precluso.

La vostra è l'epoca dei finti spirituali e dei sedicenti "illuminati" pieni di certezze, dell'espansione di coscienza venduta un tanto al chilo attraverso corsi e seminari per aspiranti risvegliati. Ma collezionare attestati non vi rende di certo più coscienti, anzi finisce per allontanarvi ulteriormente dalla meta, perché vi tiene ancora più ancorati alla superficie, alla costante ricerca di consenso e riconoscimento.

Continuate a parlare di trasformazioni imminenti, di dimensioni più evolute a cui ascendere, ma questi sono solo paroloni altisonanti, creati ad arte per nascondere a voi stessi gigantesche carenze interne e credervi arrivati quando invece siete ancora profondamente addormentati, prigionieri delle solite catene.

Come potete accedere ai "piani alti" se prima non imparate a radicarvi nella materia? Il percorso di consapevolezza non avviene mai dall'alto verso il basso, ma procede sempre dal basso verso l'alto.

Non saranno le parole illuminate di qualche sedicente maestro a lenire la sofferenza che vi tormenta, ma solo un percorso di conoscenza personale appassionato e disincantato. Nulla vi attende dietro l'angolo tranne lo svelamento di voi stessi e l'unica mano in grado di aiutarvi è quella che si trova alla fine del vostro braccio.

Il mistero da risolvere non è composto di pulviscolo di stelle, ma di carne, vene e sangue. Il grande enigma porta il vostro nome, ha i vostri occhi e le vostre labbra, si srotola lungo il tragitto che dall'incoscienza conduce prima alla consapevolezza e poi dalla consapevolezza alla manifestazione.

Siete nati per fiorire e sbocciare di magnificenza, che ci fate ancora sepolti sottoterra?

Troppi tra voi continuano a vivere compressi dentro lavori insoddisfacenti, distanti anni luce dai loro interessi, ossessionati dal raggiungimento di uno stato sociale e un benessere evanescente progettati ad arte per far dimenticare allo schiavo di vivere sotto ricatto.

Troppi sono intrappolati dentro relazioni zoppicanti tenute in piedi solo per abitudine o qualche conclamato senso del dovere, rassegnati a essere infelici pur di non restare soli, a sottostare a regole che non condividono e non comprendono solo per non perdere il privilegio di confondersi dentro la massa, dove possono continuare a sentirsi protetti e credersi più forti per il solo fatto di appartenere a una maggioranza.

Eppure nascondervi nel gregge non vi rende affatto più forti, al contrario, vi indebolisce, perché in mezzo alla moltitudine il singolo finisce per diventare trasparente, dimentico di se stesso e delle peculiarità che lo rendono speciale, un prodigio della natura irripetibile che pian piano si convince di essere solo un numero tra gli altri, un dettaglio sacrificabile dell'insieme. La massa livella e appiattisce, soffoca i talenti e l'immaginazione, uccide il pensiero critico e il potere creativo, la massa blocca, imbriglia, tiene in scacco chi le chiede protezione attraverso il ricatto del giudizio e del senso di colpa.

Creature assuefatte alla rinuncia e all'abnegazione, rassegnate a vivacchiare e ad arrancare, condannate a morire ancora prima di diventare polvere. Popoli liberi solo sulla carta trasformati in cavie sotto stretta osservazione, pedine di un diabolico esperimento di omologazione universale che sopprime l'ingegno a colpi di bastone: che nessuno spicchi in mezzo alla moltitudine, che nessuno sollevi gli occhi e si accorga dei fili che lo connettono alle mani del padrone!

Il potere ha bisogno di sudditi obbedienti per prosperare, di cittadini ignari del proprio potenziale, di mandrie addomesticate che avanzano mute a passo di marcia.

Affinché la manipolazione possa mettere radici nell'inconscio e il rischio di ammutinamenti venga dunque ridotto al minimo, l'opera di livellamento sociale deve cominciare subito, quando le cavie sono ancora piccole, di modo che, quando saranno adulte, la costrizione sia divenuta già abitudine e le pareti del carcere non siano più visibili. Non c'è niente da cui evadere, se si è abituati a chiamare libertà i confini di una gabbia.

Non infrangete le regole: quante volte ve lo siete sentiti ripetere? Siate rispettosi, mansueti e deferenti. E se l'ossequio dei precetti imposti dovesse in qualche modo limitare la vostra libertà di movimento, ci spiace, ma un cittadino è meritevole di diritti solo quando è disposto a rinunciare ai propri.

Non desiderate la roba d'altri e non appropriatevene senza chiedere il permesso. E pazienza se ciò che adesso rivendicate vi è stato a tempo debito sottratto, se il furto è stato prima perpetuato a danno vostro, perché il ladro, lo sapete, è da punire solo quando è un poveraccio.

Non nominate il nome di Dio invano e non dimenticate di santificare le feste, soprattutto quelle commerciali. Onorate sempre il padre e la madre, senza eccezioni, costi quel che costi, e se loro non rispettano voi, va tutto bene, è parte del processo di una ferrea educazione, perché un figlio merita amore solo quando abbassa la testa.

State zitti, state al vostro posto, non dite la vostra, non siate disobbedienti. E non piangete, per dio! Tenete per voi le vostre emozioni, perché solo i deboli mettono in mostra le proprie fragilità, e dei deboli, dovreste ormai averlo imparato, una società performante non sa che farsene.

Siate sempre solidi nelle intenzioni e nei valori, conformi al ruolo che vi è stato assegnato. Seguite a testa bassa la strada che è stata tracciata per voi, senza mai voltarvi indietro, anche quando vi frana sotto i piedi, anche quando vi conduce dritta tra le fauci di un burrone. Chi se ne frega se vi rompete il collo, la coerenza prima di tutto!

Genitori, insegnanti, figli del potere standardizzato: di questo appiattimento terrificante siete tutti corresponsabili assieme ai potenti contro cui imprecate, mandanti della stessa carneficina legalizzata, aguzzini fatti della stessa pasta.

Che l'onta del crimine commesso posta restarvi addosso per tutto il tempo necessario a prenderne coscienza e integrare l'errore come parte fondamentale del processo di apprendimento. Ma che poi venga al più presto lavata via, prima che possa cristallizzarsi e convertirsi nell'ennesima forma di dipendenza. Che i sensi di colpa possano presto lasciare spazio all'accettazione e all'insegnamento che essa racchiude, perché l'accettazione è di per sé trasformazione, fuoco trasmutatore che apre l'accesso a un nuovo livello di evoluzione.

Lasciate andare i rimorsi e le recriminazioni, sorelle e fratelli amati, perché appartengono al passato. Quella che adesso impietosamente giudicate è una defunta versione di voi stessi, non vi rappresenta più, non vi appartiene, una volta osservata e integrata è già evaporata.

Non importa quel che siete stati, importa solo quello che da adesso in poi siete disposti a diventare. Perciò arrendetevi senza riserve alla disgregazione di tutto ciò che è morto e apritevi con fiducia allo svelamento di quel che siete.

Le gabbie e le corazze devono essere immediatamente abbandonate, smascherate le illusioni, demolite le menzogne. A imporvelo non siamo noi ma l'impeto stesso della vostra anima, quella voce arcaica e poderosa che avete in tutti i modi provato a ignorare ma che adesso, di nuovo, risuona forte e pretende di essere ascoltata.

Liberatevi dei ruoli che vi tengono prigionieri, lasciate andare le definizioni e le classificazioni.

Non avete più bisogno di essere genitori, figli, compagni e amanti, ingegneri, autisti e commercianti, per provare al mondo che esistete. Non è la professione che svolgete a infondervi valore, non il matrimonio, non la casa in cui vivete; la vostra identità è molto più antica degli abiti che indossate, il vostro essere pulsa e respira al di là di essi.

Trovatelo, rivendicatelo, sfoggiatelo!

Fate a pezzi il guscio che vi riveste, togliete i veli uno ad uno e spogliatevi di tutto ciò che non siete, perché è questo che prevede il ciclo della vita: tornare disadorni come quando tutto è cominciato.

Arrendetevi senza riserve alla disgregazione delle illusioni, così che la verità possa finalmente trovare spazio per emergere. Affidatevi al mistero della lunga notte buia, perché ad attendervi laggiù, appesa all'orizzonte, c'è già il chiarore di una nuova alba.

Non abbiate paura, perché non siete soli, l'abbraccio dell'intero universo vi sorregge. Siete anime protette, sostenute e benedette.

Imboccate il sentiero che conduce al nucleo caldo delle vostre profondità e immergetevi con fiducia nelle sue acque scure, come un feto che galleggia dentro il ventre della madre – i suoi occhi sono ancora deboli, gli arti incapaci di movimento, ma un cordone spesso lo mantiene connesso alla fonte e gli fornisce tutto il nutrimento che gli occorre.

Nuotate nelle correnti nere dell'inconscio alla ricerca dei traumi irrisolti e di tutte le verità taciute. Togliete i rifiuti, le alghe morte, i sassi che ostacolano il flusso delle maree, portate a galla le emozioni represse e tutte le lacrime trattenute, così che il sole possa asciugare il pianto e sanare le piaghe ancora infette. Depurate, disinfettate, chiarificate.

Abbandonatevi allo spettacolo grandioso della terra che si sgretola sotto i piedi, dei punti di riferimento che di colpo svaniscono nella nebbia, assecondate il movimento del vostro terremoto interiore senza cercare di rallentarlo né contrastarlo, consapevoli del fatto che più resisterete e più lo squassamento si farà intenso.

Concedetevi il lusso di mollare la presa e lasciarvi trasportare dalla corrente. Permettetevi di morire, permettetevi di rinascere.

E sarà allora il tempo dell'autentico silenzio. Quando do il corpo imparerà a rallentare e a radicarsi senza fretta dentro la terra, consentendo alla mente di alleggerirsi e agli occhi di aprirsi alla visione, e il momento presente tornerà a espandersi riunendo in un solo istante tutto quel che esiste, è esistito ed esisterà.

E sarà il tempo della meraviglia e dell'incanto. Quello in cui i fili invisibili che intrecciano la vita riemergeranno prepotenti alla vista e la scia luminosa dei puntini che si uniscono sveleranno il senso di ogni passo fatto, l'importanza di ogni esperienza, ogni sofferenza, ogni ostacolo affrontato. Quando il caos comincerà a sciogliersi pian piano, rivelando il progetto divino in via di svolgimento, e l'essenza di quel che siete finalmente potrà emergere in tutta la sua magnificenza.

Allora, raccontarsela non sarà più un'opzione, anche volendo diventerà impossibile, perché la verità, una volta vista, non può più essere ignorata. Non provateci nemmeno a combatterla, più cercherete di contrastarla e più il suo richiamo si farà ossessivo; arrendetevi a lei, perché ha già vinto.

Tutto quello che potrete fare sarà guardarla in faccia e domandarvi se state percorrendo la strada giusta. Se fate quel che fate solo per compiacere gli altri o perché invece vi fa stare bene, vi appassiona e vi emoziona, se state dando voce alle vostre abilità e realizzando il vostro progetto animico, o siete ancora troppo impegnati a coltivare costrizioni per riconoscere le vostre doti.

Vi trovate davvero dove desiderate essere? State onorando il compito che vi è stato affidato?

Una volta compresa la verità, agite di conseguenza.

Abbiate consapevolezza di chi siete, proteggete i vostri confini da ogni tentativo di invasione e manipolazione, a partire da quelli che voi stessi vi imponete.

La mente è ingannatrice e cercherà in tutti i modi di farvi dubitare. Vi dirà che la nuova direzione non solo è incerta ma anche estremamente faticosa, perché è costretto a rimboccarsi le maniche chi non ha più un nemico esterno da incolpare. Proverà a convincervi che aspirare a essere se stessi in un mondo di apparenze è un'enorme presunzione, e che dopotutto nei vostri vecchi panni non stavate così male.

Non datele retta, tenetela al suo posto, fatele capire che adesso non è più lei che comanda. La mente è uno strumento straordinario solo a patto che non le si consenta di assumere il controllo; la mente esegue e direziona, ma è l'anima che decide.

Usate la stessa fermezza per impedire l'accesso a tutti i detrattori esterni. Allontanate chiunque si intrufoli nel vostro spazio sacro senza essere stato invitato, e se decidete che può entrare assicuratevi che venga in pace, senza armature, lasciando le pretese e le minacce fuori dalla porta. Che nessuno provi più a farvi sentire sbagliati, in colpa per essere cambiati, che nessuno cerchi mai più di trattenervi o immiserirvi sotto il ricatto del dovere, né tantomeno dell'amore.

Siate custodi fermi e intransigenti, ma allo stesso tempo accoglienti verso i nuovi visitatori, sempre in grado di distinguere tra l'invasione e l'opportunità che si manifesta, perché non tutto quello che fa irruzione lo fa per danneggiarvi ma anche per offrirvi la possibilità di migliorarvi.

Siate difensori attenti ma sempre aperti al cambiamento. La scoperta di voi stessi segue lo stesso andamento di tutto il Creato, è un processo che non conosce arresto, un'onda che sale e scende e si muove incessantemente.

Accogliete con amore la vostra innata mutevolezza, mettevi sempre in discussione e siate pronti a cambiare rotta ogni volta che si rende necessario. Lavorate con dedizione per realizzare quello che desiderate ma siate disposti a mandare tutto all'aria quando muta il corso del vento, affinché la volontà di essere fedeli a voi stessi non diventi l'ennesima scusa per restare fermi e sterili.

Fate tutto quello che può rendervi felici ma non aggrappatevi ai vostri sogni, lasciateli liberi di fluire e di mutare forma in base alle esigenze del momento. Siate presenti a voi stessi ma anche resilienti, vi attendono tempi faticosi e imprevedibili e per cavalcarli dovrete essere dotati di grande flessibilità.

Muovetevi con coraggio e leggerezza al tempo stesso, perché la vita terrena, che laggiù sovente percepite come una faccenda terribilmente seria, vista qui dalla distanza, attraverso le maglie di una più ampia prospettiva, assomiglia più a un laboratorio esperienziale dove tutto ciò che conta è mettersi in gioco, continuare a esplorare e sperimentare.

Non abbiate paura di sbagliare, perché non esiste progressione senza errore, accogliete gli imprevisti con gratitudine e affrontate gli ostacoli per quel che sono: una parte indispensabile del processo evolutivo, impareggiabili occasioni per smussare gli angoli e ammorbidirvi. Non chiedete all'universo di regalarvi forza, ma difficoltà da affrontare che possano fortificarvi, non domandate saggezza, ma problemi da risolvere per accedere a nuovi livelli di conoscenza. Non si riceve quel che si vuole ma ciò di cui si ha bisogno, e anche quando non sembra, a chi bussa sarà sempre aperto.

Lasciate che il vostro raggio d'azione si propaghi attorno il più possibile, senza farsi fermare dai giudizi, dai sensi di colpa e da ogni altra ingegnosa forma di autosabotaggio che la mente o la società proveranno a insinuarvi dentro.

Siate liberi ed espandetevi in ogni direzione, perché voi vi credete soltanto carne, ma in realtà siete acqua di torrente e quelle che voi impropriamente chiamate gambe, noi le definiamo ali.

E sarà allora il tempo della manifestazione, il momento prodigioso del fiore che cade dallo stelo per rivelare il frutto.

La rinascita, anime nostre, non è la conclusione del ciclo, ma solo una tappa dell'eterno divenire.

Osservate come agisce la natura. Nel tempo sacro dell'autunno ella si zittisce, si ritira sottoterra per ripulirsi e rigenerarsi; l'inverno interviene poi ad acuire il processo, ricoprendo tutto di uno spesso strato di ghiaccio che trasforma in morte la disgregazione, così che il vecchio possa essere spazzato via e lasciare spazio al nuovo; in primavera il sole caldo scioglie il gelo e la natura esce dal letargo: prima i germogli, poi i fiori, ed ecco che la vita irrompe di nuovo in superficie. Ma è l'estate la stagione preposta a chiudere il cerchio, senza di essa il processo di rinascita verrebbe interrotto nel suo pieno svolgimento, fiore già morto prima ancora di essersi dischiuso.

Il ciclo trova compimento solo quando la vita appena nata proclama a gran voce la sua esistenza e senza pudore, senza alcuna vergogna, decide di rivelarsi al mondo.

A nulla sarà valso il lungo viaggio dentro gli abissi se quella fiammella di consapevolezza che con così grande fatica avete strappato al buio la terrete chiusa dentro di voi come un segreto.

Celebrate la vostra rinascita e donatela al mondo. Rivelate il vostro colore in tutti i modi che conoscete senza curarvi di quello che pensano gli altri, senza paura di essere tacciati di arroganza o presunzione, perché non esiste superbia in chi osa sfoggiare la propria bellezza.

Dovete farlo innanzitutto per voi, per rendere omaggio a tutto il lavoro svolto e al prezzo che vi è costato, ma anche per chiunque là fuori sia pronto a rompere il guscio e cominciare il processo di svelamento, perché ciò che è stato ricevuto va sempre restituito, rimesso in circolo, affinché anche altre anime possano trarne giovamento.

Che la liberazione a cui siete giunti possa essere di ispirazione agli altri, così che sempre più persone, specchiandosi nella vostra magnificenza, possano vedervi riflessa la propria, cominciare a ripulirla dai detriti e poi manifestarla, diventando a loro volta testimoni.

Che tutti voi possiate diventare lucciole che illuminano la notte, che l'onda del risveglio possa farsi sempre più alta e dilagante attraverso la vostra fulgida presenza, il vostro esempio, il vostro essere.

Radici

Guardare indietro
per andare avanti

Cara umanità,

l'argomento che questa volta affronteremo insieme
è sorprendentemente poco dibattuto nel vostro tempo, eppure riveste un'importanza cruciale per la vita
che conducete e quella che, attraverso di essa, state
plasmando per le generazioni future.

Oggi parleremo di radici. Radici di terra, radici di
sangue.

Siete alberi millenari, le ramificazioni che a voi
arrivano e da voi si dipartono per spandersi attorno
sono molteplici, hanno forme complesse, contorte e
sorprendenti. È da voi che tutto nasce e si dirama. Siete la genesi di un intreccio linfatico antico e commo-
vente, siete l'innesto di un miracolo vivente.

Tra le radici che vi ancorano al terreno ci sono innanzitutto quelle che vi connettono a voi stessi. Ori-
ginano dal ventre, irrorano il corpo fino alle estremità
e confluiscono nel cuore e nella mente. Sono le fondamenta su cui poggiate, da cui dipendono la stabilità
di tutta la struttura e la connessione con i movimenti
esterni e interni che vi attraversano: i pensieri, le emozioni, le sensazioni, le ferite, i condizionamenti.

È da qui che comincia il grande viaggio delle radici verso l'esterno.

Il legame con i genitori e la vostra famiglia di origine, con gli antenati da cui provenite e che attraverso di voi continuano a respirare, il legame con il lignaggio maschile e femminile che vi precede e dalla cui storia, spesso dolorosa, si sono forgiate le vostre cellule.

Il filo rosso che vi congiunge alla vostra terra di origine, le conquiste e le sfide che ne hanno cadenzato il tempo, le credenze, le tradizioni, gli antichi riti che la nutrono e ne modellano la direzione. La sua storia passata, presente e in divenire.

Il cordone ombelicale che vi unisce alla natura e a tutte le creature che ne punteggiano la superficie, che dimorano nelle sue viscere, che volano nel cielo e solcano le acque. La connessione con il mondo sottile e poderoso che la pervade.

Il ponte che fa da spola tra gli scompartimenti della storia, che collega il passato al presente e al futuro, e viceversa. La presa di coscienza che tutte e tre le scansioni temporali sono intrecciate in un'unica matassa e si alimentano a vicenda, secondo un movimento circolare che non conosce fine e non conosce inizio. La consapevolezza, dolorosa e salvifica al tempo stesso, che senza conoscere da dove veniamo non possiamo sapere dove andiamo e che ogni azione compiuta oggi avrà un riflesso sul domani.

Il vostro domani è scritto tra le righe di questa lettera, che questo monito accorato non giunga invano.

Avete frainteso il concetto di radici. Le avete credute statiche, incapaci di spostarsi, e invece sono radici liquide e semoventi, simili a fiumi che dai ghiacciai raggiungono le valli portando nutrimento ovunque vanno, rigagnoli che si abbeverano alla fonte per poi irrorare nuove terre.

L'immobilismo non vi si addice, siete stati creati per accogliere il movimento come una seconda pelle, smuovere le acque e trasformarvi. Eppure, per qualche strano motivo, vi siete persuasi che per essere solidi fosse necessario stare fermi, ancorati a un'immagine di voi stessi rigida, fissa nel tempo, quanto meno all'apparenza, come mulinelli d'acqua che in superfice sembrano piatti ma che ribollono senza pace nel profondo.

Maledetta sia la convinzione che per essere considerati rispettabili sia necessario uniformarsi agli altri, che il sacrificio e la rinuncia siano gli unici mezzi per dimostrarsi adulti, come se credere alla possibilità di un futuro migliore fosse solo un passatempo sterile per creature ingenue e immature. Maledetto sia il perseguimento ossessivo della coerenza a tutti i costi che allontana da se stessi e preclude il cambiamento.

Siete cuore, non solo mente, spiriti creativi ed evoluti compressi dentro corpi primitivi, germogli progettati per fiorire e contaminare il mondo, radici intrecciate destinate all'espansione.

C'è un disegno molto più ampio che vi sovrasta e vi racchiude tutti, un progetto in cui ognuno di voi, nessuno escluso, ricopre un ruolo di prestigio: bianchi e neri, alti e bassi, uomini e donne, bambini e anziani, capi di stato e contadini, miscredenti e religiosi, pacati e aggressivi, timidi ed espansivi. E con voi, il macrocosmo che vi circonda: mammiferi e batteri, piante e minerali, oceani e montagne.

Siete pezzettini intrecciati di un unico, gigantesco ecosistema, vene pulsanti di un essere vivente altamente specializzato dove ogni particella è indispensabile. Niente e nessuno può essere reciso, nessuna cellula isolata; un solo elemento lasciato indietro e l'organismo è destinato a deperire. Ma ancora non riuscite a vederlo, ancora vi ostinate ad agire come monadi a sé stanti: miopi, disconnessi ed egocentrici.

Avete perso la visione d'insieme, dimenticato il legame che vi connette gli uni agli altri.

La paura vi ha allontanati e rinchiusi dentro solitudini angoscianti. Avete smesso di vedervi come cooperanti pronti a sostenersi a vicenda, per dipingervi come nemici inclini a pugnalarsi alle spalle. I racconti dei vostri nonni sui tempi ruvidi ma calorosi di una volta, sui vicini pronti a spalleggiarsi nel momento del bisogno, a stringersi di notte attorno al fuoco per soffiarsi un po' di tepore addosso, a dare vita a micro società improvvisate in cui le mani si allungano d'istinto anziché ritrarsi, riecheggiano ancora nell'aria ma vi raggiungono appena, come l'eco di un sogno che al mattino svanisce al rintocco della sveglia.

È un mondo di lupi, gridano i vostri cuori chiusi a chiave, quello degli agnellini che si leccano a vicenda è bello che sepolto.

Ricordatevi però che il pensiero è creatore: ciò che credete è esattamente quel che avrete.

Vi siete allontanati dalle montagne, dai piccoli borghi, dalle campagne. Avete reciso il cordone ombelicale che vi teneva connessi alla Terra, alla Grande Madre da cui tutto origina e che tutto alimenta con i suoi

Sette lettere dal futuro per l'umanità

seni ampi e generosi, la Madre nutrice e guaritrice, la Madre compassionevole e distruttrice.

Avete abbandonato la natura e i suoi templi sacri per rinchiudervi dentro gabbie di cemento grigie e maleodoranti dove il tempo scorre frenetico e privo di direzione, dimentichi che non della fretta ma della lentezza siete figli, della calma che dilata il tempo e lo rende denso e fruttuoso, dell'otium da cui sgorgano fluide la creatività e la sapienza.

Avete rinunciato al silenzio poderoso in cui la voce del cuore risuona forte per rintanarvi in un mondo chiassoso che non contempla pause, un fragore ininterrotto che imbambola la mente e zittisce i pensieri prima che possano trovare espressione e portare i loro insegnamenti. Vi siete immersi nella vacuità del chiacchiericcio vano e del pettegolezzo così da essere legittimati a non pensare, a non sentire i turbamenti, a bloccare le domande prima che salgano in superficie e trovino il varco della bocca, perché le domande richiedono risposte, i malumori prese di coscienza, l'infelicità la responsabilità di darsi una mossa e mettere in atto i dovuti cambiamenti.

È un mondo di automi, balbettano i vostri cuori stanchi, quello degli uomini coraggiosi con la schiena dritta e il petto in fuori è bello che sepolto.

Senza il nutrimento della madre, il figlio si regge incerto sulle gambe, privo di radici ed energia vitale. Ma la scelta di recidere il legame è solo vostra, non della Terra, una madre non allontana mai la propria creatura, la lascia solo libera di decidere se restarle vicino o fuggirle lontano. Perciò dipende da voi: volete essere orfani, oppure figli?

Avete smarrito il ricordo di chi siete e da dove venite, talmente smaniosi di diventare adulti da dimenticare di essere prima di tutto figli, discendenti di anime coraggiose che si sono assunte il compito di farvi da tutori e offrirvi una famiglia, per quanto scalcinata e imperfetta potesse essere. Ma di quel coraggio non vi è rimasto nulla addosso, i vostri occhi sono più attenti alle mancanze che al riconoscimento di quanto ricevuto.

Quanti di voi hanno voltato le spalle a chi gli ha fatto dono della vita, togliendo loro il diritto di replicare e la possibilità di rimediare? Quanti hanno trasformato i torti subiti in sentenze senza appello, lasciandosi sprofondare nel vuoto devastante di un'incomunicabilità che non contempla vincitori ma solo vinti, entrambi vittime dello stesso cuore ferito?

Che dolore vedervi da qui, disgregati in mille pezzi, voi che siete nati per essere coesi.

Avete dimenticato che siete solo specchi dove le fragilità dell'uno riflettono le fragilità dell'altro, dove le miserie individuali si sommano e si moltiplicano in modo esponenziale. Ma dietro quella miseria, le ferite, la paura, c'è un nucleo di bellezza che zampilla senza fine e finché non imparerete a scorgerlo nell'altro non sarete in grado di farlo sbocciare dentro di voi.

Non lo vedete il filo che vi unisce? Non la sentite la forza della tribù che vi sostiene, il potere della fratellanza e della sorellanza?

Fratelli e sorelle siete, per origine e destino, e non solo dei vostri diretti consanguinei ma di tutti gli antenati. Il sangue vi connette alla storia che vi precede e a quella che da voi si assembla per i posteri, un cordone spesso e indissolubile vi rende parte di un'unica famiglia espansa, di cui a malapena conoscete i nomi ma le cui memorie sono impresse dentro di voi, limite e forza di ogni vostra cellula.

I vostri nonni, bisnonni e trisavoli sono parte di voi come un arto o un capello, popolano le vostre notti e direzionano i vostri giorni senza che ne abbiate consapevolezza, ma l'incoscienza dell'esistenza di qualcosa non la rende meno reale, le dà solo maggiore potere. Sta a voi decidere se integrare l'insegnamento tramandato dalle loro vicende e cavalcarne l'onda o limitarvi a subirne le conseguenze.

Il lignaggio da cui discendete è uno scrigno prezioso da cui attingere doni e forze ma a volte è anche un peso impegnativo da portare.

C'è una storia dolorosa che vi precede. Parla di donne schiacciate, stuprate, zittite, emarginate da uomini violenti. E parla di uomini fragili e disconnessi da loro stessi, creature affamate d'amore proprio come le altre, costrette per paura di soccombere ad allontanarsi dalla verità del cuore. Le ferite delle une il riflesso di quelle degli altri, un intreccio di mancanze che si alimentano a vicenda, vuoti che cercano di colmarsi con altri vuoti.

Di tutto questo siete ignari, e non potrebbe essere diversamente visto che nessuno si è mai preso la briga di spiegarvelo. Siete stati istruiti su libri pieni zeppi di date e di battaglie dove l'essenza non ha mai trovato posto, pagine gonfie di nutrimento per menti egoiche, nessun sostentamento per l'anima racchiusa dentro il corpo.

È un mondo di esseri a sé stanti, protestano i vostri cuori feriti, quello dell'empatia e della connessione è bello che sepolto.

Non vi accorgete che senza conoscere la storia dei vostri avi non potete attingere alla loro forza e che senza la loro forza a sostenervi vi reggete a malapena in piedi? Non lo sentite il vuoto sopra cui camminate, la voragine che si fa largo sotto la montagna disboscata?

Avete potato i rami del vostro albero genealogico rendendoli alberi separati, più deboli da soli, più vulnerabili. Senza radici, l'albero è solo legno in balia della corrente, fuscello inerme che vola nel vento.

L'aria ha bisogno della materia per scendere a terra, la materia ha bisogno dell'aria per sollevarsi in alto. Aria e sostanza, cielo e terra, cuore e ragione, mondo invisibile e mondo della veglia: è l'incastro dei pezzi la soluzione, non la disgregazione ma l'integrazione.

I vostri antenati conoscevano il segreto, lavoravano la terra con la cura che l'orafo riserva ai metalli preziosi, le unghie nere di erba e fango, gli occhi protesi a scandagliare le ombre, a intercettare l'occulto, a percepire l'aldilà.

Quando ancora la scienza era uno strumento e non un fine che cancella l'identità di chi lo insegue, i confini tra la veglia e il sogno erano sfumati, come si conviene a ogni mondo complesso che si nutre dei propri estremi, nessuna separazione tra l'universo visibile e quello sottile, nessuna contraddizione tra magia e ragione.

E voi, anziché portare avanti questa lezione di integrazione, che avete fatto? Conservando degli uomini sapienti solo la spocchia, vi siete convinti di potere controllare la potenza della natura e i misteri imperscrutabili dell'esistenza e, d'improvviso troppo boriosi per accettare di potere imparare qualcosa dagli altri, avete bollato la semplicità di chi vi ha preceduti come ignoranza, chiamando superstizioni i riti, le tradizioni e gli antichi culti agresti. Vi siete fatti accecare dai bagliori del progresso fino al punto da non riuscire più a scrutare il buio, proteggendovi sì dai mostri che vi si annidano dentro, ma privandovi anche degli esseri di luce e dei maestri che lo punteggiano.

Non li sentite gli spiriti che vi sussurrano all'orecchio, non lo sentite il loro sostegno?

Per paura di rimanere imprigionati nel passato ve ne siete allontanati e lo avete rinnegato, e così facendo avete allontanato e rinnegato l'invisibile a cui da sempre appartenete, a cui apparteniamo tutti noi, figli delle stelle.

E adesso, senza un passato a farvi da guida, camminate smarriti, senza la memoria di ciò che è stato vagate ciechi in attesa che un nuovo miracolo si mostri a indicarvi la via.

Ma il miracolo non è là davanti, nascosto sotto i bagliori di una stella cometa o tra le pareti di una grotta. Il miracolo che inseguite è dietro le vostre spalle, nel passato che vi precede.

La buona novella che state aspettando parla di perdono e riconciliazione. Vi chiede di fare pace con il passato, di sciogliere i nodi e lasciarli andare. Di restituire ai vostri genitori e al vostro lignaggio i carichi che gli appartengono, nell'accettazione, complessa e faticosa, che ognuno deve occuparsi dei propri fardelli così da avere la possibilità di fortificarsi attraverso di essi, guarire ciò che deve essere guarito e salire un nuovo gradino della scala evolutiva.

Siete pronti a perdonare? A liberarvi, ad andare avanti?

Ma liberarvi di ciò che non vi appartiene non è sufficiente.

Siete chiamati a un'ulteriore sfida: portare nuova linfa vitale alle vostre radici, così da fortificarle e renderle più salde, non solo per voi ma per tutti coloro che seguiranno. Non è necessario essere madri e padri per generare prole, i figli non sono solo quelli usciti dal ventre ma anche quelli incrociati lungo la strada, anime affini unite dallo stesso destino, fratelli e sorelle di cuore sparsi per il globo.

Siete disposti a occuparvi di voi, così da potere poi nutrire gli altri? Siete disposti a radicarvi?

Non siamo qui per scegliere al vostro posto. Il libero arbitrio è uno dei grandi privilegi di questa esperienza terrena e non può essere toccato per nessun motivo, nessuno ha il diritto di sottrarlo a nessun altro, nemmeno per buona intenzione, nemmeno per istinto di protezione.

L'intento di queste lettere non è quello di intimarvi di cambiare direzione, per quanto da qui vediamo bene la disastrosa deriva del cammino che avete intrapreso: sbagliare è parte necessaria del percorso, espressione della responsabilità personale e della sacra possibilità di evolvere.

Non possiamo, né vogliamo, interferire con il vostro percorso. Tutto quello che ci è consentito fare è suonare un campanello d'allarme, mettervi in allerta e mostrarvi uno scorcio di quel che sarà, se non deciderete di prendere provvedimenti.

Siete a un bivio, anime care, quel che farete da qui in avanti avrà ripercussioni enormi sul vostro destino e su quello di tutte le creature della Terra. E anche sul nostro, se ci consentite una piccola concessione all'egoismo.

Non è più tempo di tergiversare, la scelta a cui siete chiamati è impellente e definitiva.

Chi volete essere, che legame volete avere con gli altri, la vostra famiglia, la vostra terra?

È il momento di decidere se continuare a rinunciare all'amore per conservare quella che definite libertà, quando in realtà è solo un tentativo disperato di protezione, se allontanarvi dal passato e dalle vostre origini, raccontandovi la favola della persona autonoma e senza confini che non ha bisogno di niente e di nessuno, quando invece siete solo cuccioli in fuga perenne dal mondo e da voi stessi.

Chiedetevi quand'è che la libertà diventa prigione e il quieto vivere diserzione. Domandatevi se per paura di soffrire siete davvero disposti a rinunciare a vivere.

Ancora una volta, la scelta è vostra.

Siete liberi di allontanarvi dalla natura e dal suo sostentamento. Non prestate ascolto a chi vi dice che la Terra sta collassando, non è lei che rischia l'estinzione: qualche scossone qua e là e una manciata di epidemie e l'equilibrio sarà prontamente ripristinato. Non è la Terra a essere in pericolo, ma la precarietà dell'essere umano.

Liberi siete nati e liberi restate, padroni di inquinare, di sperperare, di saccheggiare, di condannarvi a morte.

Nessuno interverrà a cacciarvi dalle vostre fortezze di cemento, a impedirvi di trascorrere il tempo come macchine progettate solo per arrivare a sera, quando finalmente potrete concedervi i dovuti sfizi a consolazione dell'ennesima giornata da maledire. Potete continuare a respirare tutto l'inquinamento che volete, a ingozzarvi di cibo morto, a correre come dannati in fuga dall'inferno, a crearvi ulcere nello stomaco a forza di reprimervi.

Siete liberi di intossicarvi, di ammalarvi, di distruggervi.

Ma se decidete che questo è il destino che vi attende, o quantomeno l'unico a cui potete avere accesso, fate in modo che non sia per inerzia ma per cosciente scelta.

Andate in natura, prima di rinunciare a lei.

Entrate nei boschi umidi di pioggia e camminate sulle foglie a piedi scalzi così da sentirne la consistenza sotto le dita. Andate a trovare le montagne innevate e le pianure bruciate dal sole, immergetevi nei fiumi, nel mare, nelle cascate. Svegliatevi all'alba e aspettate che il cielo rischiari poco a poco mentre il chiacchiericcio degli uccellini taglia l'aria del mattino, uscite di notte e concedete il volto alla luna per assorbire la sua energia. Guardate il buio negli occhi e provate a vincere la paura antica che fa emergere.

Ascoltate il suono che fa la natura quando è lasciata a se stessa, libera da contaminazioni e restrizioni, ascoltate sotto di voi i movimenti della Madre poderosa che pulsa, si scuote e si riassesta. Sentite la sua forza che vi attraversa risvegliando la vostra, la potenza della vita che si trasforma in morte e della morte che ritorna in vita, il potere di tutti i sacri cicli che governano l'esistenza: il viaggio del sole e della luna, le fasi vitali dell'essere umano, il passato che prorompe nel presente, l'onda della storia che si ripete.

Scavate con le unghie in quel terriccio antico, trovate il filo rosso che lo attraversa e seguitelo: vi condurrà a casa. La casa da cui provenite, la casa che avete abbandonato.

Se la vita vi sta portando altrove, che l'allontanamento dalle vostre radici rimanga confinato all'involucro fisico senza mai intaccare il cuore, così che la separazione sia solo apparente e il filo di connessione percorribile in ogni momento.

Prima di lasciarlo andare per sempre, trovate il tempo di immergervi nel luogo dove avete mosso i primi passi di questa sorprendente avventura. Non importa quanto è lontano, perché la distanza è solo un concetto della mente, e non importa quanto tempo impiegherete, perché mettersi in viaggio è già l'inizio della cura.

E se invece il luogo non è cambiato, se quello attraverso cui avete osservato il mondo per la prima volta è lo stesso da cui vi affacciate adesso, che possiate ritrovarne l'antico battito sotto le incrostazioni della noia e dell'assuefazione. Prendetevi tutto il tempo che vi occorre per ritrovarlo, sentirlo nuovamente, nel pieno rispetto del vostro ritmo. Ma quando deciderete di farlo, che sia senza riserve.

Andategli incontro come a una madre sul letto di morte, senza pregiudizi, senza difese.

Sfiorate i suoi confini e osservatelo di nuovo con gli occhi di un tempo, non quelli assuefatti e delusi di oggi, ma quelli stupiti, curiosi, pronti a meravigliarsi che avevate da bambini. Siate pronti ad ascoltare tutto ciò che vi racconta e ad accogliere quello che, nel farlo, metterà in moto dentro di voi.

Sarà faticoso, sarà doloroso come un parto. Ma come un parto, sarà anche miracoloso.

Riconnettevi alla terra a cui appartenete. Ovunque la vita vi abbia condotti la vostra casa è sempre la stessa, per quanto siate fuggiti lontano, o per quanto vi siate smarriti, vibra ancora dentro di voi e non smetterà di farlo finché non le darete la giusta attenzione, continuerà a chiamarvi ossessiva ovunque andiate, come l'eco del vento che si incunea dentro la grotta. E arriverà il giorno in cui quell'eco sarà così forte che sarà impossibile ignorarla e non avrete altra possibilità che prestarle ascolto.

A volte occorre allontanarsi da un luogo per riuscire a comprenderlo, ma per farci pace, per riuscire a integrarlo, è necessario farvi ritorno, o imparare ad ascoltarlo nuovamente.

La chiamata spesso giunge troppo tardi, quando il tempo non è più sufficiente a colmare le distanze e a riparare i danni. L'augurio è che possiate accoglierla prima che vi sorprenda sulla soglia, così che abbiate ancora abbastanza energie per farvi fronte.

Studiate la storia della vostra terra.

Indagate su chi l'ha usurpata e quando è riuscita a riconquistare la libertà, quali sono le risorse su cui ha costruito la propria sopravvivenza, i valori che hanno forgiato il carattere e le credenze della sua gente. Riscoprite gli antichi riti che cadenzavano il ritmo delle stagioni e dei raccolti, quei fili esili e tenaci che connettevano l'essere umano al mondo che si spalanca oltre il tangibile. Riapritevi alla magia dell'inconoscibile e dell'imponderabile, perché questo è ciò che siete: ponti che si protendono sull'invisibile.

Siete qui per fare esperienza e per evolvervi, ma per farlo dovete diventare incarnazione vivente del passato, permettergli di continuare a vivere in voi e, attraverso di voi, tramandarsi alle generazioni future. Che niente del passato venga sepolto, non gli errori, non le ferite, non i trionfi, non la potenza.

Tornate nelle case della vostra famiglia e aprite i bauli, i cassetti, gli armadi, toccate gli oggetti che contengono e respirateli.

Andate ai cimiteri dove sono sepolti i vostri antenati e osservate le date di nascita e morte che sono impresse sulle tombe. Cercate di capire quali sono i grandi temi che si ripetono, le storie affini, gli irretimenti, così da imparare a distinguere ciò che è vostro da ciò che invece non vi appartiene, quali sono i cicli che siete chiamati a chiudere e le ferite che attraverso di voi chiedono di essere sanate.

Andate a trovare i vostri genitori e ripristinate il dialogo perduto. Vecchi o giovani che siano, presenti o passati, vicini o lontani, poco importa: ogni comunicazione interrotta dovrà essere al più presto ripristinata. Fuori i rancori, le rivendicazioni, le incomprensioni, le aspettative disilluse, fuori tutta la rabbia repressa e il dolore compresso nella gola, che tutto l'inespresso possa finalmente trovare voce e liberare il campo, renderlo di nuovo vergine e fecondo, perché non può esserci dialogo là dove ancora vige il frastuono.

Solo se giocherete a carte scoperte potrete incontrarvi al di là dei ruoli, non più genitori e figli ma adulti che guardano in faccia altri adulti, cuori che si connettono ad altri cuori, cammini che si incrociano per arricchirsi e poi, una volta terminato il compito reciproco, tornano a dividersi.

Sfruttate tutto il tempo che vi è concesso per accorciare le distanze e comprendere il motivo per cui vi siete scelti, perché non si è mai figli e genitori l'uno dell'altro per un incidente ma sempre in virtù di un progetto consapevole.

Se il loro cammino su questa Terra si è già concluso, trovate il modo di domandarvi come mai sono stati proprio loro a mettervi al mondo, perché in quel momento e in quel luogo, quali sono le sfide che siete chiamati ad affrontare, quali i talenti che, per similitudine o contrapposizione, dovete risvegliare.

Se invece il loro cammino li vede ancora al vostro fianco, prendete le loro mani tra le vostre. Seguite la traccia delle vene e delle macchie che le punteggiano, sentitene la consistenza, percepite la forza che si nasconde dietro l'apparente debolezza. Guardate attentamente i loro occhi, le labbra, le spalle curve. Respirate a fondo e ascoltate ogni emozione che si muove dentro di voi.

Fatevi attraversare di nuovo dal senso di calore e protezione che provavate da bambini, lasciate spazio al disagio che vi ha fatti sentire per molto tempo fuori posto e al sollievo che avete provato quando ve ne siete allontanati. Sentite la ferita del rifiuto che vi ha spinti ad andarvene prima che qualcun altro vi lasciasse soli, sentite la rabbia dell'abbandono che lo alimenta e il senso di colpa per avervi ceduto.

E mentre questo fiume di emozioni vi attraversa, chiedetevi se potete ancora essere figli loro, anziché gli adulti che li accudiscono, se siete capaci di riappropriarvi del vostro ruolo nell'albero genealogico e ristabilire la corretta gerarchia senza cedere alla tentazione di interferire su un cammino che non vi riguarda. Se siete in grado di rispettare la loro sacra libertà di sbagliare, di immalinconirsi, di lasciarsi andare.

Avete, sorelle e fratelli amati, la grande opportunità di farvi traghettatori della memoria, di riaprirvi alla fiducia e al potere immenso della resa, così da sanare gli irrisolti di chi vi ha preceduti e ricucire gli strappi col passato. Ed essere finalmente in grado di dare forma al futuro che compete a voi e ai vostri figli.

Un futuro tutt'altro che semplice, che ancora una volta procederà in salita, perché non esiste evoluzione che si sviluppi in discesa, ma un futuro finalmente vostro, libero, leggero, senza zavorra.

Lo sentite, adesso, il campanello d'allarme che scuote l'aria, riuscite a vederla l'immensa possibilità di sanazione che nasconde?

Spiritualità

La voce dell'invisibile

Cara umanità,

siamo ancora una volta qui a ricordarvi che siete spiriti calati nella carne, anime in migrazione dai piani sottili a quelli materici per farvi portavoce della sacralità divina, affinché possiate smettere di vivere di voi solo una parte e tornare a manifestarvi per quello che siete: l'unione perfetta di una polarità.

Siete composti tanto di ombra quanto di luce eppure la prima l'avete rimossa, creando dentro di voi una frattura che stilla sangue e vi rende orfani di voi stessi. Non solo, nel tentativo di rincorrere ossessivamente la luce l'avete di fatto oscurata, perché la luce esiste solo in virtù del buio e il buio esiste solo in mezzo al bagliore.

Per riuscire di nuovo a percepire la sacralità che tutto pervade, occorre ricostruire l'integrazione degli apparenti opposti, recuperare l'antica armonia facendo pace con l'altra metà del cerchio, quella abiurata, quella nei secoli dei secoli demonizzata.

Il vero oscurantismo non appartiene al Medioevo, come siete soliti sostenere, non è stato spazzato via dall'Epoca dei Lumi ma è proprio allora che è cominciato, quando la Ragione, vittima del proprio narcisismo, ha spodestato l'Invisibile dal trono condiviso e si è proclamata unica regnante. Che ogni espressione dell'irrazionale fosse tacciata di eresia, che tutto quanto incomprensibile alla mente venisse bandito e rispedito al mittente, destituito di potere, reso inoffensivo dall'eterno oblio!

A cominciare proprio dalla suprema espressione dell'imponderabile: la Grande Trasformatrice.

La morte.

I vostri avi avevano con la morte un rapporto intimo, ci camminavano a fianco, la tenevano per mano per non dimenticare il luogo da dove venivano e dove un giorno sarebbero tornati, terra alla terra, cenere alla cenere. L'Oscura Signora era presenza assidua del quotidiano, si mostrava impietosa agli angoli delle strade, nelle culle degli infanti, nei letti in cui riposavano gli anziani prima di abbandonare il corpo sotto lo sguardo amorevole dei propri cari, nessun ospedale a segregarla, nessuna tenda tirata ad occultarla.

Certo, il sonno eterno incute soggezione e averne paura è reazione del tutto naturale, ma solo il vigliacco permette che la paura prenda il sopravvento sull'empatia e, per evitare di farci i conti, decide di fingere che non ci sia, trasformando la morte nell'ennesimo tabù inviolabile. Chiusi dentro le stanze claustrofobiche degli ospedali i corpi infermi, sepolti negli ospizi le menti inquiete, lontane dagli occhi la sofferenza, la malattia e la decadenza, così che si conservi intatta l'illusione che tutto resti come sempre è stato, bozzolo eterno di una perfezione di fatto irraggiungibile.

Ma fare finta che la morte non esiste le impedisce forse di esistere? La rende forse meno reale?

L'inaccessibilità della morte alle soglie della coscienza fa parte di un processo di rimozione assai più ampio, simile a quello messo in atto dall'inconscio per proteggersi dal trauma. Nasce dalla volontà di allontanare dalla mente tutto quanto abbia a che fare con il concetto di "fine", l'idea che tutto ciò che esiste possa trovare un giorno conclusione e lasciarvi spogli e vuoti, ancora più soli. Nasce dall'incapacità di accettare la naturale mutevolezza della natura, l'incessante processo di trasformazione a cui tutto è soggetto: il ciclo delle stagioni, la vita di un essere vivente, l'oscillazione frastornante delle emozioni.

Il cambiamento fa paura perché sfugge alle maglie del controllo, è un fiume che ingrossa sotto le piogge torrenziali e preme contro gli argini per scavalcarli, puoi provare a fermarlo ma la piena non sempre può essere prevista né tantomeno circoscritta. L'eternità, invece, è molto più rassicurante, assomiglia alle acque piatte di un lago artificiale, riduce la possibilità di strappi dolorosi e azzera le responsabilità individuali, perché non ha bisogno di cure quel che è destinato a esistere per sempre.

Il concetto di impermanenza è un paradosso per la mente, solo l'anima è in grado di afferrarlo e comprendere che la mutevolezza è la linfa vitale dell'esistenza, il motore che la tiene in movimento.

Finché non accetterete il cambiamento, fratelli e sorelle, la via della sacralità vi sarà inaccessibile, finché non farete pace con la morte e non la vedrete per quello che è, momento di passaggio a una nuova dimensione, la vita stessa vi sarà preclusa, perché vivo davvero è solo colui che sa di essere in potenza anche morto, e viceversa.

Teneteveli vicini i vostri cari, se potete, quando si piegheranno sotto il peso della malattia, quando i loro corpi si faranno più leggeri per prepararsi all'attraversamento della soglia, tenetegli la mano per non farli sentire soli e aiutateli ad avvicinarsi alla trasformazione come chi si appresta a un grande viaggio: con curiosità, fiducia e spirito d'avventura.

Fate come facevano i vostri predecessori, che tra le pareti di casa allestivano un tempio sacro, dove il momento di passaggio poteva alleggerirsi di parte del suo carico di sofferenza e diventare un'occasione per riconciliare i diverbi e sanare gli irrisolti, un'opportunità di consapevolezza, la più grande che mai sarà concessa, tanto a chi va, quanto a chi resta.

Che gli uomini e le donne di tutti i luoghi possano tornare a essere traghettatori coscienti tra il mondo dei vivi e quello dei morti, tra il sottile e il tangibile, tra il sogno e la realtà, particelle in movimento che non si arrestano titubanti sull'orlo dei confini ma li attraversano in consapevolezza.

Prendete ispirazione dai bambini, creature liminari per eccellenza. Prima di essere corrotti dalle sovrastrutture degli adulti, hanno la mente ancora pura, scevra di pregiudizi, occhi in grado di distinguere le forme concentrate in diversi gradi di densità, orecchie capaci di captare le voci sottili dell'invisibile. Smettete di manipolarli instillando in loro la paura della morte, di allontanarli dalla vista della vita che si spegne nel tentativo di tutelarli, perché siete voi quelli bisognosi di essere protetti, messi al riparo dai vostri stessi condizionamenti. Piantatela di convincerli che quello che li attende è nel migliore dei casi una prigione chiamata Paradiso e nel peggiore solo un grande niente, perché loro conoscono la verità, siete voi che l'avete smarrita.

Fatevi spiegare come fare amicizia con la morte e imparare a maneggiarla senza imbarazzo, ricollocarla all'interno del quadro generale e ridimensionarla.

Chiedete loro di ricordarvi che non ha senso avere paura di ciò che finisce, perché la fine è solo l'altra faccia dell'inizio e il percorso non si arresta esalando l'ultimo respiro ma prosegue semplicemente sotto una nuova forma, più eterea e impalpabile, ma reale tanto quanto quella corporea.

Fatevi insegnare come fare quotidiana pratica di oblio prima del trapasso attraverso l'attività onirica e l'immersione totale nel presente, così da imparare, attraverso la consapevolezza di quel che sarà un giorno, a vivere appieno quel che è adesso, senza più freni, senza confini. Perché il ponte prima o poi lo attraverserete tutti e tutto quello che vi è concesso è trovare il modo di arrivarci preparati, i piedi ben piantati a terra e gli occhi puntati in avanti, là dove si appresta a compiersi il grande salto.

Se volete tornare a sentire la vita in tutta la sua bellezza, morte e rinascita quali facce complementari della stessa medaglia, dovete fare pace con l'impermanenza dell'esistenza, apprendere l'arte di distinguere il tempo della battaglia da quello della resa, quando è necessario perseverare per ridare vitalità a quel che ancora non è morto e quando invece è il momento di sciogliere i nodi e lasciare andare. È importante comprendere quando il cerchio è giunto al termine del suo ciclo e quando invece il processo è ancora in via di svolgimento, perché quella che chiamate "fine" non sempre corrisponde al reale compimento di un processo, a volte è solo un autoinganno costruito dalla mente per scrollarsi di dosso un impegno avvertito come troppo gravoso.

Braccia spalancate ad accogliere la vita e piena presenza nel compiere ogni passo: è tutta qui la spiritualità che inseguite.

La trascendenza è molto più terrena di quanto pensiate. Le chiese, i templi, i monasteri non sono altro che luoghi preposti al raccoglimento al pari di un bosco e di un deserto, hanno la funzione di zittire il mondo e facilitare il silenzio, così che la mente possa ridiscendere nel ventre e ascoltarne l'antica voce, e poi da lì, impregnata di una nuova saggezza, innalzarsi fino al cuore e a lui riconnettersi, consentendogli di espandersi.

I luoghi spirituali sono strumenti fondamentali ma non devono essere confusi con lo scopo, la meta non è tra quattro pareti di pietra ma nel tempio fatto di cellule e sangue che vi pulsa dentro.

Le religioni sono modalità grezze per avvicinare l'essere umano all'essenza dello spirito, ma non sono loro l'approdo della ricerca. Abbracciarle senza pensiero critico è decisione primitiva, ma altrettanto lo è inveire contro di esse quali responsabili di ogni male disceso in terra, perché i fardelli che vi portate addosso sono creazione umana tanto quanto i vostri talenti.

Se non imparerete a trasformarlo, il livore che sputate fuori continuerà a ripercuotersi dentro e vi allontanerà sempre più dall'obiettivo: la percezione dell'essenza.

L'essenza non è semplice da maneggiare e per essere compresa ha bisogno di simboli che la semplifichino e la rendano accessibile a tutti i luoghi e a tutte le genti.

Da sempre il divino dialoga con l'essere umano attraverso linguaggi metaforici per venire incontro alle esigenze del momento storico, al substrato culturale in cui deve attecchire, al grado di finezza del sentire disponibile. I miti, le favole, le buone novelle, non sono altro che formule comunicative differenti atte a diffondere il medesimo messaggio; una volta spogliato dei simboli, il succo è sempre lo stesso. Ma l'essere umano dimentica in fretta come tutto ha avuto inizio e finisce per confondere il punto di partenza con l'arrivo, trasformando la rappresentazione, da strumento volto a semplificare l'informazione, nella verità stessa: il divino diventa Verbo, il Verbo comandamento, finché del divino non resta niente.

E voi che fate, una volta scoperto l'inconsistenza del simbolo? Vi ci scagliate contro come fosse fatto di carne, dimenticando che il colpevole non è il simbolo ma chi lo ha usato per manipolare e collezionare adepti.

Fate pace con i miti, gli archetipi e i riti, perché una volta che saranno stati sgravati del significato che gli avete appiccicato addosso si mostreranno nudi, rivelandosi per quello che sono: rintocchi di campana che scuotono dal torpore e richiamano all'azione, punti di ancoraggio al momento presente, ponti per ricongiungersi all'essenza. E allora sì che le religioni potranno tornare a essere come le favole e i miti, racconti poetici ricchi di insegnamenti, non più rivelazioni per popoli eletti ma patrimonio spirituale di tutte le genti.

Lì, nascoste tra le parabole, troverete anche le spoglie di tutti i valori dimenticati: la profondità e l'integrità, l'importanza di una direzione e il contatto con la propria missione, l'amore per se stessi e il rispetto degli altri, la capacità di scorgere la divinità dentro ogni creatura e il significato di ogni passo fatto.

La trama del piano universale di cui ognuno di noi è parte integrante e il funzionamento delle sue leggi.

Esiste un ordine che regola tutto a ogni livello, un equilibrio naturale attivo tanto nel macro quanto nel microcosmo, come in alto così in basso, così in cielo e così in terra.

La vita si muove alla costante ricerca di un'armonia sull'onda di alcuni principi universali, infallibili e ineluttabili. Ogni loro infrazione produce uno squilibrio che si ripercuote sull'intero Creato e che deve al più presto essere aggiustato; il prezzo di questo aggiustamento sarà alto tanto quanto profonda è la spaccatura prodotta, non per punizione, ma per semplice necessità di corrispondenza, nessun castigo inflitto da una divinità rancorosa, solo la conseguenza inevitabile di una frattura da risanare.

L'universo, che agli occhi umani, avvezzi più al dettaglio che al quadro generale, appare spesso frammentato, è in realtà un'entità sistemica e intrecciata. È il principio del mentalismo: ogni essere vivente, ogni creatura del cielo e della terra, ogni fenomeno della materia e della psiche è una goccia di un solo mare, la manifestazione di una Mente Universale che tutto contempla e attraverso la contemplazione gli infonde vita, creatrice del Sogno e al tempo stesso osservatrice della propria creazione.

Non vi è giudizio nella Mente, nulla è giusto o sbagliato nell'economia del Tutto, ogni cosa semplicemente è quella che è.

E non ci sono confini, nel giardino del Creato, solo specchi che riflettono la legge dell'eterna corrispondenza tra i diversi piani dell'esistenza: la destra con la sinistra, l'esterno con l'interno, quel che vive nel mondo sottile e quello che si realizza nel mondo materico, le stesse dinamiche, lo stesso mistero in movimento.

La Mente Universale non conosce stasi, è un fiume di particelle che vibra a diversi gradi di velocità e densità, rapida ed eterica nello spirito, lenta e grossolana nella materia. I sensi affinati lo intuiscono da sempre ma adesso la fisica quantistica del vostro tempo fornisce prove del principio di vibrazione anche agli scettici: tutto è energia in movimento, onde oscillatorie che sbordano e si sciolgono l'un l'altra, influenzandosi a vicenda.

In questo fiume di bollicine in fermento non esistono separazioni ma solo passaggi sfumati che avvicinano gli opposti fino ad annullarli, bene e male, ombra e luce, odio e amore, caos e ordine. La distanza tra gli estremi è solo apparente, la contrapposizione è un prodotto partorito dal pensiero umano, limitato per costituzione, mentre agli occhi della Mente onnisciente è tutto parte dello stesso brodo primordiale. Coloro che riusciranno a comprendere il principio dell'illusoria opposizione saranno capaci di invertire le polarità e diventare alchimisti della vita, non più vittime passive di quel che accade ma co-creatori del proprio cammino.

Per riuscire a farlo, però, dovranno abbracciare la legge del ritmo e dell'alternanza. Dovranno comprendere il moto oscillatorio che da una polarità conduce all'altra e allinearsi alla sua cadenza, seguire il movimento che dà forma alla sacra ciclicità della vita dove tutto ciò che nasce, cresce, matura e poi declina. Solo quando l'alchimista avrà abbracciato il ritmo dell'universo sarà in grado di trascenderlo, modulandone l'oscillazione, perché solo ciò che prima è stato accolto può essere trasformato.

Assecondare il flusso fino a divenire il flusso stesso, non più l'argine che subisce l'impeto dell'onda ma l'onda stessa che lambisce l'argine: per riuscire nell'intento, occorre abbandonare il concetto di casualità e sostituirlo con quello di causalità, due semplici lettere che cambiano di posto per dare vita a una nuova prospettiva. Ogni causa produce un effetto e ogni effetto è il prodotto di una causa. Il caso non esiste, è un trabocchetto che la mente umana usa per tamponare i limiti dell'intelletto e definire imprevedibile ciò che sfugge al suo controllo. La persuasione che esista un caos primordiale incontrollabile è una panacea per la coscienza, un'illusione trasversale che accontenta tutti, arma di soggiogamento delle masse in mano al potente e strumento di assoluzione per marionette desiderose di giustificare la propria inerzia, perché non può esserci responsabilità di fronte ai capricci della sorte.

Solo se riuscirete a comprendere che ogni evento del mondo materico e di quello psichico è sottoposto al principio di causa-effetto, sarete in grado di dominarlo.

Allora sarete pronti per accedere alla legge suprema che regola l'universo, inizio e fine della ciclicità divina: il matrimonio alchemico.

Tutto ciò che esiste e si manifesta è il risultato della fusione tra una forza maschile e una forza femminile. Due sono le energie che partoriscono la vita in tutte le sue forme, fisica, mentale e spirituale: una yin, femminile, che dall'esterno si dirige verso l'interno, e l'altra yang, maschile, che dall'interno si proietta verso l'esterno; la prima riceve, accoglie e scioglie, la seconda dona, sostiene e dirige. L'una senza l'altra deperisce, l'una senza l'altra è creatura monca, per essere complete devono poter fluire libere, fuori e dentro, fare l'amore, scivolare una sopra l'altra come il fiume fa sul fianco della montagna.

Sono questi i principi universali, eterni e immutabili a cui è sottoposta l'intera esistenza, sette come il numero delle lettere che vi sono state recapitate. Non abbiate timore ad accoglierli pensando che così facendo sarete costretti a rinunciare alla libertà e al pensiero critico che vi contraddistinguono, il libero arbitrio non è in pericolo, siete liberi in ogni momento tanto di seguirli quanto di infrangerli. Ma la vera libertà la raggiungerete solo quando vi aprirete alla loro conoscenza e, sulla base di quanto appreso, sceglierete di volta in volta se allinearvi ad essi, rendendo fluido il vostro cammino, oppure se contrastarli, creando attriti e alimentando ulteriormente la vostra sofferenza.

L'onda procede comunque, a prescindere dalla vostra volontà, l'unica scelta a voi concessa è decidere se cavalcarla o meno.

****

Cara umanità, eccoci giunti all'atto finale di questo percorso intrapreso nelle profondità umane allo scopo di ripristinare il dialogo tra di noi e ricordarci che siamo gocce che fluiscono l'una sull'altra a formare lo stesso fiume.

Volevamo farvi sentire la nostra presenza nell'approssimarsi del passaggio alla nuova Era, per sostenervi e aiutarvi a compierlo nel migliore dei modi attraverso un processo di sgretolamento dei paradigmi, mentali e linguistici, che tengono in piedi un mondo ormai defunto. L'intento era quello di riappropriarsi dei grandi temi dell'esistenza terrena attraverso un occhio puro, non filtrato, libero dalle etichette inculcate e dalle interpretazioni ereditate, abbandonare le sovrastrutture e i vecchi idiomi che limitano il sentire e sostituirli con pensieri e vocaboli ricondizionati in grado di aprire nuove prospettive.

Non è un compito semplice, quello che vi attende, e non lo è nemmeno il nostro in qualità di accompagnatori e testimoni di questo momento spartiacque. La specie umana ha bisogno di schemi per sentirsi protetta, la sua sicurezza si basa sulla ricerca di una stabilità illusoria e rinunciarvi richiede non solo coraggio ma anche un profondo atto di fede. Ma voi queste risorse le avete, dovete solo permettervi di ritrovarle.

Le chiusure dei cicli, per quanto necessarie per continuare ad avanzare, sono sempre dolorose, lasciano spazio allo sgomento e al trauma ancestrale dell'abbandono. Sappiate che nemmeno noi ne siamo immuni, le ferite che vi appesantiscono il cuore sono le stesse nostre, figli del medesimo lignaggio doloroso, fratelli di un unico fardello da trasmutare.

Ma la separazione, ormai lo sapete, è solamente illusoria. Non sarete lasciati soli, perché il legame che ci unisce scavalca il tempo e le distanze umane.

Quest'ultima missiva è solo la fine di una modalità comunicativa e non farà svanire il dialogo.

Continueremo a frequentarci nei piani sottili, nei sogni e negli spazi impalpabili dell'invisibile, la nostra voce giungerà a voi nei momenti di crisi che scuoteranno le fondamenta, nel turbine scioccante delle emozioni che vi faranno evolvere, in ogni momento di struggente bellezza di fronte a cui vi commuoverete.

Saremo nel trillo delle cicale, nel gorgoglio dell'acqua e sulle ali delle farfalle, nella corolla del fiore che si schiude, nel fiocco di neve che mulina a terra, saremo in ogni piccolo miracolo quotidiano, in ogni seme del divino portato dal vento.

Conservate queste missive per i tempi bui che verranno, rileggetele quando la fiducia traballerà e il loro contenuto si sarà diluito nella memoria fino a sembrare poco più di un sogno. Ricopiatele per voi e i vostri cari e fatevi portavoce del loro messaggio, così che nessuna creatura ne ignori più il contenuto e possa tramandarlo a coloro che verranno.

Fate in modo che queste parole attecchiscano nelle profondità dell'inconscio, così che il cambiamento smetta di essere sforzo e diventi puro impulso all'espansione, crepa inarrestabile del guscio che si schiude.

E quando il passaggio finalmente sarà compiuto, quando il piano generale sarà stato compreso e gli insegnamenti integrati uno a uno, tornate sui vostri passi, radunate le lettere sparpagliate dal vento e fatene un falò, così da lasciarle andare e preparare il terreno a nuovi dialoghi e nuovi idiomi, magari questa volta tra voi e i vostri figli, e poi tra i vostri figli e i loro discendenti, generazione dopo generazione, onda dopo onda.

È giunto adesso per noi il tempo di abbandonare le parole e tornare al sacro silenzio che ci compete.

Vi lasciamo fiduciosi al vostro giro di giostra, con la speranza che questo viaggio sia stato per voi trasformativo quanto lo è stato per noi intraprenderlo, e con l'augurio sincero che possa aiutarvi ad approcciarvi nel migliore dei modi a questo straordinario momento di passaggio.

Con infinito amore,
i vostri fratelli e le vostre sorelle.

Ringrazio

L'Universo per avermi fatto portavoce di queste *Sette lettere dal futuro per l'umanità* e per tutti gli insegnamenti con cui la vita mi ha fecondato. Insegnamenti senza tempo, intrisi di una saggezza antica e di una spiritualità profonda che vanno a comporre questo piccolo e umile testamento spirituale.

Abbraccio

Voi, anime maestose, per il coraggio di avermi letto e per il tempo che mi avete dedicato in questo meraviglioso cammino che è la vita. I vostri cuori alimentano il fuoco dell'esistenza, siete scintille divine di una catena generazionale che si dipana fin dalla notte dei tempi. Senza di Voi non ci sarebbe nessun domani ad attenderci.

Con affetto,
Ivan Petruzzi

Note sull'autore

Ivan Petruzzi nasce a Berna nel 1983. È fondatore e autore del blog *Tragicomico.it*, online dal 2013, oggi punto di riferimento per migliaia di persone insofferenti al conformismo dilagante e in cerca di un'informazione libera. Nel 2019 ha pubblicato la sua prima opera indipendente, *Schiavi del Tempo*, in cui indaga con sguardo appassionato una delle più grandi piaghe dell'uomo postmoderno, la folle accelerazione sociale e la conseguenza più devastante che si porta appresso: il prosciugamento del tempo libero. Del 2021 è invece il suo secondo lavoro, *La cattiva abitudine di essere infelici*, un saggio tagliente e vivace, con spunti critici intesi a mettere in discussione l'intero sistema pervasivo che determina lo stato di infelicità generalizzato. Nel 2022 pubblica *Liberi dentro, liberi fuori*, un libro per riflettere sui limiti, le opportunità e la presa di responsabilità che gravitano attorno al concetto di libertà.
Sette lettere dal futuro per l'umanità è la sua quarta opera letteraria.

Printed in Great Britain
by Amazon

32567525R00071